优势谈判心理学

王 龙 ◎ 著

天津出版传媒集团

天津科学技术出版社

图书在版编目（CIP）数据

优势谈判心理学 / 王龙著. -- 天津：天津科学技术出版社，2017.8
　　ISBN 978-7-5576-3157-4

　　Ⅰ.①优… Ⅱ.①王… Ⅲ.①谈判学－社会心理学－通俗读物 Ⅳ.①C912.3-49

中国版本图书馆CIP数据核字(2017)第131649号

责任编辑：布亚楠

天津出版传媒集团
天津科学技术出版社出版

出版人：蔡　颢
天津市西康路35号　　邮编：300051
电话（022）23332695（编辑部）
网址：www.tjkjcbs.com.cn
新华书店经销
北京毅峰迅捷印刷有限公司印刷

开本 710×1000　1/16　印张 14.5　字数 180 000
2017年8月第1版第1次印刷
定价：39.00元

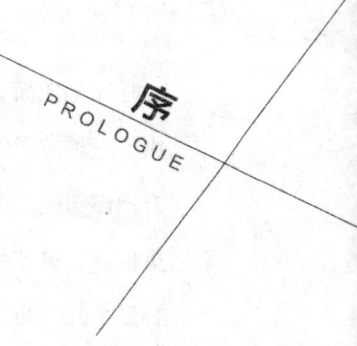

谈判不只是口才的交锋，更是心理的较量

说到谈判，很多人的第一反应就是口才，认为口才好的人更适合谈判，也更容易成功。其次，人们会想当然地认为专业知识也会在谈判的过程中扮演着非常重要的角色。不过，现实可能有点残酷，因为根据世界一流谈判专家，拥有哈佛大学法学博士学位、沃顿商学院工商管理硕士学位的斯图尔特·戴蒙德教授在其所著的《沃顿商学院最受欢迎的谈判课》一书中所言，在促使谈判双方达成协议的关键要素中，专业知识所起的作用不足10%，而人在其中所起的作用超过50%。即便在人的要素中，口才也不是第一位的，关键要看双方是否相互信任、是否有好感、是否愿意倾听彼此的要求等。没有这些基础，口才再好，专业知识再丰富，也只能是空谈。

另外，还有一些人坚信谈判就是解决双方的实质性问题。这一点固然不错，但很片面，因为它忽视了作为谈判者的说服力。仅就说服力而言，真理和事实也只能算是众多论据里面的一项。如果没有对谈判对手心理的了解，则真理、事实再客观，也无法达到说服的目的。

所以，谈判不只是口才的交锋，更是一种心理的较量。对世界各地的优势谈判者而言，这一点早已成为共识。虽然心理学的发展至今只有一个世纪多一点，但对优秀的谈判者而言，心理的较量早就是各方的秘密武器。以战国时期触龙游说赵太后为例，触龙的话之所以能够发挥作用，就是因为他运用了一种被现代心理学称为"自己人效应"的策略。所谓"自己人"，是指对方把你与他归于同一类型的人，而"自己人效应"是指对"自己人"所说的话更信赖、更容易接受。触龙利用赵太后同他一样年老，身体、饮食不便，同样钟爱小儿子的共同点切入，引起赵太后的共鸣，进而达到游说的目的。

谈判有狭义与广义之分。狭义的谈判仅仅是指正式场合下的谈判，而广义的谈判是指除正式场合外的所有的协商、交涉、商量、磋商等。本书的内容既包括狭义的谈判，又包括广义的谈判。除了介绍一些优势谈判技巧之外，本书还对人们在谈判过程中以及谈判前后的心理进行了分析。

21世纪是互联网的世纪，也是各项知识和科技进行系统融合、智能创新的世纪。比如最近几年提出来的"互联网+"战略，就是把各项专门的知识、行业与互联网融合，从而催生出新的业态。其实，当我们把心理学作为一个核心去辐射其他领域的时候，也可以得到相似的思维，即"心理学+"。"心理学+员工"催生了科学的员工激励机制，"心理学+销售"催生了更加专业的顾客行为分析。事实上，这样的例子有很多。如今，如果我们试着把"心理学+谈判"作为一个新的板块进行研究，我们就会发现很多新的思路。

如果不从心理学的角度审视谈判，你就不可能全面理解倾听的价值，也无法深刻体会情绪的意义；如果不从心理学的角度规划谈判，你就不可能进行充分准备，也无法正确地临场发挥。这是因为时代在变，人也在变，如果不与时俱进，从更科学的角度投入谈判，优势谈判就只能永远停留在廉价的口号上。

当然，我们强调心理学在优势谈判过程中的价值，并不意味着对口才的忽视，事实上，好的口才会让优势谈判如虎添翼。

第一章　坚持原则，谈判主动权才不会丢

立足双赢，维持谈判大局不崩　　…002
盯紧核心问题，忽略无关干扰　　…006
用客观标准争取有利局面　　…010
换位思考，知彼才能取得谈判优势　　…015

第二章　充分准备，方能做到屡辩屡胜

选择对自己有利的时间和地点　　…020
提高自我期望，树立心理优势　　…022
明确自己的筹码和底线，让心里更有底　　…024
先达成内部共识，凝聚力就是战斗力　　…028
为谈判多设几个选项，诱导对方做权衡　　…031
没有情报优势，哪有优势谈判　　…035
探明对方的底牌，谈判才能胸有成竹　　…038

第三章 巧用策略，心理战术让谈判事半功倍

红白脸策略——软硬兼施动人心 ··· 042

红鲱鱼策略——故作姿态以换取让步 ··· 045

钳子策略——欲擒故纵的沉默谈判术 ··· 048

蚕食策略——让对方不断满足你的小要求 ··· 051

激将策略——利用对方的自尊心和好胜心 ··· 055

第四章 注重方法，让沟通深入人心

情感补偿，消除对方的不安心理 ··· 060

循序渐进地攻克超长谈判 ··· 063

不等价交换，改变他心中的估值 ··· 066

以退为进，令对方看到自己的"弱势" ··· 069

找出对方的驱动力，让谈判更具优势 ··· 072

第五章 读懂人性，巧妙赢得对方的好感

世故不可怕，只要讲人情 ··· 076

小客套，大智慧 ··· 080

迎合对方的兴趣是硬道理 ··· 083

把表现"聪明"的机会留给别人 ··· 087

"好意回报"心理与亮底牌策略 ··· 091

第六章 学会倾听，为谈判奠定情报优势

倾听是最高的恭维 ··· 094

达成协议前要一直保持倾听 ··· 098

读懂暗示信息，避免盲目谈判 … 101
在倾听中判断谁是决策者 … 105
寻找谈判的切入点，关键是会听要点 … 108

第七章 气场为王，用感染力促进协商

自信，以气场服人 … 112
积极正面的语言更有说服力 … 115
给谈判对手留下好印象的诀窍 … 118
适时幽默，打破令人尴尬的僵局 … 121
树立个性标识，增强谈判效果 … 125

第八章 察言观色，捕捉对谈判有用的细节

解读肢体动作，直视对方心理 … 130
审视面部表情，挖掘对方的真实动机 … 136
根据外貌服饰猜测对方性情 … 142
倾听语言声音，判断对方的性格类型 … 147
留意对方视线，识破对方的细微心思 … 150

第九章 善于提问，把握谈判的总体走向

投石问路，摸清对方底细 … 154
声情并茂更易打动人 … 159
利用反问占据主动 … 161
用模糊提问控制谈判节奏 … 166
掌握分寸，不让对方感到难堪 … 169

第十章 活用情绪，营造有利的谈判氛围

隐藏真情绪，谈判有时需要演点戏 … 174

不可忽视的情绪感染效应 … 178

乐观和耐心让你游刃有余 … 181

学会表达"意外的惊讶" … 184

情绪化是优势谈判的大敌 … 187

第十一章 看人说话，抓准每一场谈判的重点

商场砍价，价格和政策是核心 … 192

和老板谈加薪，先客观评价自己的表现 … 195

商业谈判遵循的"科学谈判法" … 198

巧用小秘密，赢得朋友心 … 201

与家人沟通，不可意气用事 … 204

第十二章 规避禁忌，减少谈判阻碍

守住底线，不在立场上讨价还价 … 208

无条件地让步只会让对手得寸进尺 … 211

别让整个谈判卡在一个问题上 … 214

不要接受第一次报价 … 216

后记 就谈判而言，优势永远都只是相对的 … 219

第一章

坚持原则，谈判主动权才不会丢

换位思考能促进和谐。

——威廉·拉姆塞

生意不是下棋，过程可以博弈，但结果必须双赢。

——浮石《青瓷》

对细节的关注思考需要纪律与客观，它必须接受各种标准和限制，以杜绝心血来潮和反复无常。

——哈里·G.法兰克福《论扯淡》

立足双赢，维持谈判大局不崩

对抗情绪在谈判中难免会出现，特别是在商务谈判或者政治谈判中尤为明显。不过，要是谈判双方秉着毫不动摇的决心，在各自立场上毫不妥协，那么谈判的意义也就会大打折扣。虽然历史上出现过粗俗野蛮，甚至武力上的谈判，但是随着全球化的蔓延、契约精神的普及，双赢意识已经潜移默化地成为谈判双方维持健康关系的共识。事实上，双赢谈判是现代社会中应有的一种健康状态。

1. 何为双赢谈判

所谓双赢谈判，就是把谈判当作一个双方合作的过程，在这一过程中，双方不仅要化解矛盾，并尝试和对手像伙伴一样，共同去找到满足双方需要的方案，使双方利益最大化、风险最小化。双赢的结果就是要保证双方互利共生，其关键点就在于双方利益的兼顾与平衡。任何一个良性、健康的谈判都是竞争与和谐的统一。

2. 为何要双赢

谈判的首要目的是保证自身利益最大化，但也可以把谈判理解为寻求双方利益最大化的过程。只有双方（有时候会是多方）利益最大化了，谈判各方才可以避免不必要的冲突；只有各方实现了双赢，才可以满足各方的根本利益，也才能够创造更多的合作机会。

对谈判双方来说，合作很少是一次性的。事实上，很多坐在谈判桌两侧的都是交往几十年的老朋友。做生意本身就是规避风险的过程，而长期合作就是规避风险与获取利益的最佳途径。那么如何才能实现长期合作呢？答案就是双赢，唯有双赢才可以让这种合作关系更持久。其实，不仅仅是企业之间，任何一个人在面对利益、观点分歧的同时又渴望与对方保持持久的关系时，都需要这种精神作为支撑。

3. 怎样实现双赢

既然双赢对于谈判双方如此重要，那么究竟该如何实现双赢呢？首先我们需要对"双赢"这个概念有一个更深入、全面的认识。所谓双赢，就是让谈判双方在离开谈判桌的时候，都感觉是自己赢了谈判。有时候"赢"是实实在在的利益，但有时候"赢"只是一种感觉。不管属于哪一种"赢"，都可以被视为优势谈判。

（1）拟订一个双赢的谈判计划

任何一种谈判计划，如果忽视对方的利益，就注定难以成功。在制订谈判计划时，应该以双方的共同利益为基础，然后再想办法把自身利益最大化。谈判的时候要把原则性和灵活性都发挥起来，才能实现双赢的结果。如果一味坚持自己的立场，就会因为片面追求个人利益而导致整个谈判失败。为了规避这种现象，谈判者在谈判之前就应该明确双方的立场，以双赢的姿态总览谈判全局。记住，不要在谈判开始后，被对方逼着考虑"双赢"，因为如果真的是这样，即便你赢了，也是"小赢"。

（2）追求共同利益

谈判双方能够坐到一起，肯定存在着共同利益。即便是在战场上厮杀的两个敌对的国家，也不能排除他们之间存在着共同的利益。之所以沦落到你死我活的地步，与其说是利益的纠纷，不如说是意识形态的分歧。只要秉承客观的态度和长远的眼光，任何一对谈判对手，都可以从中发现属于自身的共同利益。

共同利益不仅可以增强双方的关系，还可以极大地推动谈判的进行。如果谈判顺利，则说不定会催生出更大的共同利益。

（3）善于倾听他人的意见

俗话说："兼听则明，偏信则暗。"绝大多数谈判者都是站在自己的立场为自身利益的最大化而努力，但是也不能排除有些谈判者会站在对方的立场提出一些有建设性的意见。此时，不分青红皂白地拒绝非但没有必要，反而会把谈判引向僵局。虽然在谈判前，谈判双方已经把各自的立场、利益以及有关解决方案都考虑了一遍，但是难免会因为各方面的原因出现偏误或者漏洞。所以说，倾听对手的意见，特别是那些年龄或者资历比自己老的谈判对手的意见，会对自己以及整个谈判起到非常大的、正面的作用。

（4）从对方的立场出发

从对方的立场出发貌似有悖于谈判的原则，但这正是谈判能顺利进行的关键。就像需要站在顾客的角度去考虑产品的设计一样，从谈判对手的立场去考虑对方的利益、需求，自己才会知道在什么地方施力，也才能更好地说服对方。

4. 双赢谈判的法则

要想谈判实现双赢，还须遵循以下法则：

（1）不要过于贪婪

拿破仑曾经说过一句话："不想当将军的士兵不是好士兵。"这句话用在谈判方面，可谓恰如其分。作为谈判者，必须有野心，要贪婪，否则对方的野心、贪婪就是吞噬你的恶魔。但是，谈判者的能力以及谈判所取得的效果并不是总和谈判者的贪婪成正比。所以说，贪婪可以，但不能过于贪婪，不要渴望把所有人的利益都收入自己的腰包。

（2）不要假设对方和你的目标一致

很多谈判新手往往会有这样一种思维：感觉自己想要的东西也是对方想要的，对自己重要的东西也是对对方重要的。然而，事实并非如此。有时候，你对价格在意，但对方更关心质量、能否按时交货等。如果你总是把自己的目标与对方的目标想象得完全一致，就很容易导致在立场上与对方针锋相对。只有当你明白谈判双方所要的并非是同样的东西时，你才有可能与对方达成双赢的结果。所以说，谈判的时候不妨问一下自己："在不损害自身利益的前提下，我可以为他们做什么？"一旦给予别人他们想要的，别人也会反过来这样对你。

（3）谈判结束后不妨给对方一些好处

给对方好处并不意味着在已经谈好了的价格方面再给对方打点折扣，事实上，如果你真的这样做了，会让对方觉得自己上当受骗了。就像在超市里买东西，柜台会赠送一些小礼物一样，你也可以编一些借口，给对方承诺一些特别服务之类的好处。这样，对方会有一种占便宜的心理，即便在谈判时吃了一点亏，他们也不至于认为自己就是输家。

盯紧核心问题，忽略无关干扰

2016年8月6日，在巴西里约热内卢奥运会男子400米自由泳比赛中，上届冠军孙杨以0.13秒之差不敌澳大利亚小将霍顿，屈居亚军。对于这样的成绩，国人抱憾之余，也纷纷对霍顿在比赛前拒绝与孙杨握手，并对孙杨进行人身攻击的行为进行谴责。事后，霍顿也承认，自己之所以那样做是为了对孙杨的心理进行干扰，进而影响他的发挥。至少就结果而言，孙杨确实"中计"了。一流的网球运动员都清楚，真正影响比赛结果的只有一件事情，那就是网球在球场上运动的轨迹。只要能把所有的注意力都集中到网球上即可，至于对手是谁并不重要。其实，不管是游泳，还是打网球，都需要遵循这样一个原则：集中于当前的问题。当然，这个原则具有普适性，就谈判者而言，对于这一原则的依赖性有过之而无不及。

在谈判的过程中，一定要把所有的精力都集中在当前要解决的问题上，而不应该被对方的任何行为分散精力。要知道，有些谈判者会故意做出一些奇怪的或者特立独行的举动，目的就是分散你的注意力。如果你对自己意念的控制力不强，就会掉入对方的"陷阱"中。

很多谈判都是非常耗时的拉锯战，唯有对方真正做出实质性的让步才会影响谈判的进展，其他的都不重要。但是，很多人并没有意识到这一点，而是经常被对方无关紧要的行为扰乱自己的思维。

曾经有一位市场部经理从国外回到北京，结果刚一走进老板的办公室，老板就劈头盖脸地问道："你为什么会在这里？你应该在孟买和印度谈判才对呀！"这位经理哭丧着脸，说道："是的，确实去了孟买，也见到了那些家伙，但他们实在是太嚣张了，根本不可能和他们达成任何协议。所以，我终止了谈判，提前回国了。"

要知道，优势谈判高手从来不会说出这样的话，也从来不会做出这样的事情。他们总是会着眼于当前的问题，就事论事，而不会因为对方的人品、道德等因素终止谈判。有时候，遇到了类似的困境，他们会问自己："与昨天（或者刚才）相比，我们现在已经取得了哪些进展呢？"

有位地产商人，打算在加利福尼亚锡格纳尔希尔购买一块地皮。那块地皮的所有者是一群不动产投资商，他们报价是180万美元。不过，这位地产商人清楚，要想在这块地皮上盈利，出价必须低于180万美元才行。为了试探一下不动产投资商的口风，他决定让一家不动产经纪公司的经纪人代表自己进行首次报价。这样，即便第一次报价失败，自己再出面谈判，还有挽回的余地。但是，当经纪人听到这位地产商打算出价120万美元时，顿时傻了眼，感觉对方绝不会答应。最后，在地产商的劝导之下，这位经纪人决定亲自尝试一下。

几个小时后，经纪人回来了，而且刚一见面，就向那位地产商人抱怨说："真是太可怕了！他们带我去了一间很大的会议室，而且所有的投资商都来审读我的报价单。另外，他们还带了会计师、律师。我刚把你说的价格报给他们，对方一位负责人就当即打断了我的话，他说道：'等等，你刚才说120万美元，比我们的报价少了60万美元，这真是对我们的羞辱。'说完后,他就咆哮着走出了会议室。"

地产商问道:"接下来发生了什么?"

经纪人说道:"剩下的投资者、高管也都纷纷离开了,不过有一位资历比较老的投资人走到门口的时候停下来了,回过头对我说:'最低150万美元,绝对不可以比这个再少了。'我以前可从来没有遭遇过如此尴尬的谈判,所以下次别再让我报这样的价格了。"

听到这里,地产商急切地问道:"等等,你的意思是说,在短短几分钟的时间内,你就让他们把价格降低了30万美元,是吗?难道这不是一个了不起的成就吗?"

虽然谈判的过程很重要,但只要结果令人满意,过程以什么样的方式展开就显得不重要了。经纪人只看到了对方的咆哮、愤怒,却没有意识到他们已经把价格降低的事实。而地产商人却非常敏锐地把握到了,这是一个不错的结果,所以就此而言,这次谈判很成功。同样的一场谈判,同样的结果,但在不同的人看来,却会得出不一样的评价,很重要的一点就是双方看问题的角度不同。很多谈判者之所以犯这样的错误,是因为他们无法集中到当前的问题,总是很容易被他人的情绪误导,这会衍生出很多弊端,比如误判形势,错失时机等。

与他人的傲慢、嚣张相比,谈判过程中遇到的情绪变化可能更影响谈判进程。当然,再优秀的谈判高手也会有自己的情绪,关键问题不是你该不该发脾气,而是你如何看待脾气。美国前国务卿沃伦·克里斯托弗曾经说过这样一句话:"谈判时难免会大动肝火,不过这没什么,只是你应该学会控制自己,把发火作为一种有效的谈判战术。"

有些销售员经常会犯这样一个错误:一旦生意搞砸了,就对上司解释说"我已经尽力了""没办法补救了""不要浪费时间了"之类的话。但是，有经验的上司一般会说："好的，我相信你的解释，但出于礼貌，你至少应该给对方回个电话吧。"这可以表明上司更聪明、更冷静吗？未必。事实上，上司只是没有亲身参与到谈判中，所以他的情绪化不如销售员那么明显罢了。但是，上司的要求是充满智慧的，因为当你拿起电话试图缓和与对方的关系时，你就可能会发现其实你与对方的分歧并没有想象中的那么大。

你能够想象到，一个专业的谈判高手在面对他人的挑衅、侮辱、暴躁等行为时，会拍着桌子愤然离席吗？肯定不会，因为他们知道自己需要克服的并不是对方的情绪，而是谈判本身以及谈判背后涉及的利益。

用客观标准争取有利局面

在涉及利益的时候，谈判双方难免会有分歧：你希望买得便宜点，对方想卖得贵一点；你希望到得快一点，对方希望能够缓一点。不管你多么善于调和双方的利益，或者多么期望实现双赢的目的，都无法掩盖这样的事实。为了解决这样的分歧，有的谈判者会要求调整方案，有的谈判者会要求对方做出让步，有的谈判者则会表现出大方的姿态，期望得到对方的肯定。固执己见也好，大方也罢，这种谈判过程肯定要考虑各方愿意接受什么。如果拿自己的意愿去考虑对方的意愿，则谈判注定会充满不和谐的因素。所以说，不管是像谈生意这种比较正式的谈判，还是像选择吃饭地点这种日常的小谈判，都需要引入客观的标准。

有一天晚上，小张加班到10：30才走出公司。因为天太晚了，各小吃店都关门了，他决定到附近的麦当劳简单吃点晚餐。当他走到麦当劳的时候，已经是10：55。他刚要点餐，服务员就不耐烦地说："再过几分钟我们就关门了！"虽然有点生气，但小张并没有和对方争论，而是走到柜台另一侧，拿起一张印有麦当劳保证食品新鲜的宣传单，随后又走到服务员那里。

"这里是麦当劳,对吗?"小张问服务员。店员"嗯"了一声。

"那好,这张宣传单上说你们的食物在整个营业时间内都是绝对新鲜的,是这样的吗?"服务员点了一下头。

"你们的店不是到11点才停止营业吗,也就是说我在这个时间之前都可以买到新鲜的食物,对吗?"

最后,小张顺利地拿到了自己想买的食物。其实小张并没有采用什么特殊的手段,只是把对方设定的"标准"拿出来反驳对方罢了。

所谓客观标准,就是在与对手谈判的时候,坚决依照原则解决问题,而不是通过施压。你要把注意力集中在问题的是非曲直上,而不是谈判双方的勇气上。坚持原则谈判,双方才能愉快、有效地达成协议。你的原则越公平,标准越具体,达成公平而又明智的协议的可能性也就会越大。有时候,谈判双方会为了纯粹意识形态的问题而争夺谈判的主导权,结果毁了谈判不说,还会让双方关系蒙上阴影,而坚持原则谈判则会维持谈判,维护双方的关系。

陈皓代表公司与一家承包商签了一份房屋建筑合同。按照合同要求,房子要用钢筋混凝土地基。不过,对于地基的深度,合同只是列了一个大致的范围。承包商建议2米就可以,但陈皓认为,为了确保房屋的抗震指数,需要至少4米。

就在双方为此陷入分歧的时候,承包商说:"当时我们已经答应了你们提出的房顶用钢梁的要求,在地基深度方面,是不是也该轮到你们做出让步了?"

陈皓并没有陷入对方的"圈套",他没有就这个问题与对方讨价还价,而是这样说:"可能是我弄错了,也许2米的地基可以支撑这座高达20层的房屋,其实,我最关心的是地基的坚固性和房屋的安全性。2米的标准或许在别的地方没问题,但是我们这里前年才刚发生过一次地震,你认为政府会认为2米的地基符合要求吗?你有没有看过附近正在建造的房屋,他们的地基是多深。如果以后因为地基的事情发生了安全事故,那么谁来承担这个责任?"

几个问题问下来,承包商顿时没话说了,最后把地基的深度设置为4.2米。

有时候,如果谈判涉及多方,采用客观标准的效果就会越发明显。因为人多,立场也就会越多,涉及立场谈判,想达成一致的难度就会增大。此时,采用客观标准,就会有效利用时间,讨论可能的解决方案。

通常情况下,作为协议基础的客观标准并不只有一项,而是很多。比如你的汽车出了事故,在与保险公司就汽车赔偿额问题进行洽谈时,你可以采用多种标准来衡量汽车的价值:原车成本减去折旧、更换同档次汽车的费用、法院判定的该车的价值等。为了保障谈判的公平,客观标准最好既不受任何一方干扰,又合乎情理。比如在涉及边界问题的谈判中,以河流这种自然标记为界就比以其他人造建筑为界容易操作得多,也更容易达成协议。确定了客观标准以后,还要想办法如何就这些标准与对方讨论。此时,你需要记住以下三个基本点。

1. 和谈判对手一起寻求客观标准来解决每一个问题

如果你正在找搬家公司,想把一大堆家具运到另一个小区,不妨开门见山地说:"说实话,你们的价格有点高,不符合我的预算,咱们再商量一下,看能否找到一个更公平的而且符合我们双方利益的价格?"即便你和搬家公司的利益是对立的,但当你这样说的时候,就已经为你们设置了共同的目标——寻找更公平的价格。你可以说自己的家具都是桌椅板凳之类的东西,占用的空间很大,但其实并不是很重,或者你可以举一个朋友的例子,说上次同样的距离才花了不到500元。只要对方认可了你的标准,协议就可以达成。有时候,你也需要留意对方所说的标准里面的漏洞,然后用他的标准来说服他达成自己的目的。

总之,你们的标准应该是双方共同认可的,而不是一方强加的。而且你们的标准也能用来解决所有的分歧,而不能说每一个分歧都要再用新的标准。

2. 以理服人并乐意接受他人的合理劝说

谈判之所会成为人们解决问题的方法,就是因为不管你事先准备了多少套方案,都存在着接受对方建议的可能。如果这种可能压根就不存在,谈判就是多余的。要知道,我们虽然主张谈判要建立在客观标准之上,但并不意味着只坚持你的标准。或许你的标准很合理,但也不排除对方的标准更科学。有时候,同一个问题可能会存在两种标准,比如评价两个国家哪一个更富裕的时候,可以对比它们的GDP总量,也可以分析它们的人均GDP。在这种情况下,在两个标准之间进行妥协就是合理的。

3. 坚守原则,不屈服任何人的压力

2016年12月,一条新闻成为各大媒体的头版:美国企业家、埃克森美孚董事长兼CEO雷克斯·蒂勒森被当选总统特朗普提名为新任国务卿。按照特朗普的说法,蒂勒森是一位世界级玩家。虽然他不是埃克森美孚的所有者,仅仅是管理者,但他在领导这家世界上最大的石油公司期间,不仅在全球推动公司利益方面,而且在股东面前,都以强硬捍卫自己的观点著称。据说,这也是特朗普看重蒂勒森的重要原因之一。

企业家也好，外交官也好，都会面临很多棘手、复杂的谈判，如果不坚持自己的原则，捍卫自己的观点，就不可能在谈判中获得成功。压力可能是多方面的，比如威胁、贿赂、权威等。对于这些，原则性的反应都是一致的：让对方摆出理由。除非他们的理由基于客观标准，否则一概不妥协。如果对方也不妥协，就没有再谈下去的必要了，你也不用为潜在的损失而自责，因为如果妥协，你潜在的损失就会更大。同样以蒂勒森为例，他的强硬作风并没有给公司带来损失，相反，他不仅为此获得了特朗普的青睐，而且被《福布斯》评为"2016年最具影响力CEO"。

换位思考，知彼才能取得谈判优势

1970年，一名美国律师就阿以冲突问题采访了当时的埃及总统纳赛尔，问他希望梅厄夫人（当时的以色列总理）应该怎么做。

"撤走！"纳赛尔几乎是不假思索地冲口而出。

"撤走？"律师反问道。

"是的，从阿拉伯国家的每一寸领土上撤走！"

"没有任何条件吗？从你这里什么也得不到？"律师用疑惑的口吻再次反问纳赛尔。

"是的，她什么也得不到，因为这里本来就是我们的领土，她必须承诺无条件地撤走，永远地撤走。"

听完纳赛尔的咆哮，律师再次以疑惑的口吻说道："如果明天早晨梅厄夫人在以色列的广播和电视上宣布'我谨代表以色列人们在此郑重承诺，撤出我们自1967年以来占领的每一寸领土——西奈半岛、加沙地带、约旦河西岸、耶路撒冷以及戈兰高地，而且我希望全国人民知道我本人没有向阿拉伯人提出任何条件'，你认为，这会给她带来什么后果？"

纳赛尔不禁大笑着说："那她在国内就会有大麻烦了！"

经过这次采访，纳赛尔开始意识到他给以色列开出了一个非常不现实的选择方案。后来,他宣布同意接受停火。

纳赛尔的思想之所以发生转变,是因为那位美国律师的点拨吗?可以说是,也可以说不是。事实上,当纳赛尔自己站在梅厄夫人的角度去考虑自己提出的方案后,他发现根本行不通。所以说,他的转变不是由外而内的,而是由内而外的。换位思考有时候就是如此神奇,它可以让谈判者避开问题的冲突点,缓和谈判者的对抗情绪,从而以一种更加内省的、实际的方式解决谈判中的分歧。

所谓换位思考,就是把自己放在对方的位置考察整个谈判过程,分析自己的条件或者行为会给对方带来怎样的影响。换位思考不仅有利于缓冲情绪,而且能够让你更加真切、全面地考虑对方的需要,从而根据对方的需要把握谈判的节奏。其实,需要换位思考的谈判在生活中很常见。比如,失业的丈夫回到家里发现妻子还没有做好饭,就乱发一通脾气,结果妻子感觉自己受了委屈,两个人就开始对骂。事实上,夫妻二人任何一方只要有点换位思考的意识,这样的冲突就可以避免。妻子如果理解丈夫因为找不到工作,内心难免会急躁,则自然会对他的脾气表示宽容;同样,如果丈夫理解妻子白天上班的忙碌,下班后再做饭的辛苦,则会收敛自己的脾气。家庭生活如此,商业商场谈判更是如此,有时候只要你具备一点点换位思考的意识,往往就会有意想不到的收获。

一次,甲骨文首席执行官拉里·埃里森在报纸上刊登了一则招聘秘书的广告。结果,在很短的时间内就收到了几百封求职信,而且信的内容大同小异:"我叫×××,今年××岁,感觉符合你对秘书的要求,很期望得到这份工作……"不过,在这些求职者中有一位女士特别聪明,她的信是这样写的:"敬启者:你的招聘广告肯定会在短期内收到很多回函,我相信你肯定会很忙碌,没时间一一阅读这些信件。因此,如果你不介意的话,我很乐意帮你整理这些信件。我曾经有过五年的秘书经验……"

一收到这封信,拉里·埃里森就欣喜若狂。他立即给这位求职者打电话,让她第二天上班。拉里·埃里森后来还说,像她这样的员工,走到哪里都受欢迎。

这位求职者的聪明之处就在于,她会换位思考。通过换位思考,她不仅吸引了老板的眼球,而且轻松获得了这份工作。

换位思考就像是糅合谈判者关系的润滑剂。假如谈判者都能换一个角度,总是站在对手的立场上去思考问题,会得出怎样的结果呢?最终的结果就是多了一些理解和宽容,改善和拉近了谈判者之间的关系。在一个团队之中,只有换位思考,才可能增强凝聚力。对一个管理者来说,换位思考的能力是能否成功进行管理的一个重要因素。对一个优势谈判高手来说,换位思考会让自己的思维变得更加开阔、活跃。那么,究竟应该如何培养自己的换位思考能力呢?下面是一些值得借鉴的方法。

1. 学会转变自己的角色

谈判的时候,优势谈判高手一般都可以快速地进入自己的角色,但是在进入自己的角色之前,他们也会非常明确自己在谈判中扮演着什么样的角色。明确了自己的角色,就会把自己的目标明确化、利益最大化。基于对自身角色的理解,谈判者也需要具备快速转变自身角色的能力,比如把自己想象成谈判对手。

2. 多想想可以为对手做什么

谈判之前,先想一想这个问题:你能够为对手做什么?明确自己的目标、职责、能力,并提前想好对手需要什么,谈判的时候你就可以赢得对手的信赖和赏识。

3. 在谈判中适应对手的需求变化

对一般的谈判者而言,适应对手的需求变化会比较困难,但这也是优势谈判高手的内在核心素养之一。要想具备这种能力,一方面要勤于练习,另一方面要勤于学习。前者能锻炼你的谈判思维,后者能增加你的知识储备,二者缺一不可。

第二章

充分准备，方能做到屡辩屡胜

没有准备的人，就是在准备失败。

——本杰明·富兰克林

掌握大量情报并且可以根据自身需要去提供情报的人，才是最强的。

——伊坂幸太郎《杀手界·疾风号》

理性的时候知道自己什么时候该感性，而在感性的时候知道自己的底线在哪儿。

——刘同《谁的青春不迷茫》

选择对自己有利的时间和地点

决定谈判时间一般需要考虑两方面的因素：大环境和个人体能。针对大环境，你需要问自己：是否有另外一个层次更高的谈判需要以这个谈判结果做基础？如果这个谈判搁浅，下面的计划是否也会搁置？如果情况确实如此，那么这对谈判者无疑会是一个巨大的压力。针对个人体能，主要考虑的是每一个人的生物钟都有不同，比如有的人是夜猫子，有的人则会在吃过晚饭后就无法再做其他任何消耗脑力的事情。根据人们不同的生理状况，选择有利于自己的时间，也是谈判者不得不考虑的问题。

除了个人情况外，也有一些对大众而言不利于谈判的情况，比如周一和周五就不太适合谈判。周一之所以不适合谈判，主要是因为很多领导者都会在这一天规划接下来一周的工作，没有更多的时间用来谈判。另外，刚刚过完周末，大家都会有一个心理上的过渡，所以这一天，特别是上午，很多人的工作状态都很一般。美国人经常会说："要是一个礼拜里面没有周一该多好啊！"其实，这就是最好的写照。周五也不是传统意义上适合谈判的时间，因为马上就到周末了，很多人都想着去度假，根本无法把全部心思都投入到谈判中。

那么，什么时间最有利于谈判呢？

第二章 充分准备，方能做到屡辩屡胜

根据相关研究发现，下午3~6点是最适合人们会面谈心的时间，在这个时候谈判效果也往往会更好。至于具体的时间安排，可以根据谈判双方的精力而定。另外，在商务谈判中，如果你是卖方谈判者，则最好避开买方市场，如果你是买方谈判者，则尽量避开卖方市场，因为这两种情况都难以进行平等互利的谈判。谈判的时候，还有一个非常重要的点，就是不要在最急需某种商品或急待出售产品时进行谈判。比如夏天买棉衣，冬天买风扇，落市时去买菜，在淡季去旅游，选择对自己最有利的时机。当然，与推迟买这些东西相比，最好的做法是提前预备，做到"凡事预则立"。

除了考虑什么时候最适合谈判之外，优势谈判高手还有一个不能不思考的问题：什么时候不应该谈判？如果非要给这个问题寻找一个答案，那就是"当谈判的成本超过了可能获得的利益时"。比如，你想卖掉自己的二手卡车，但又不是特别着急，你可以预设一个价格，等买家主动上门咨询，这样非但免除了你讨价还价的麻烦，说不定还会等到一个比在市面上更高的价格。或者我们也可以考虑一个比较极端的例子：当你在杂货店里买了一大堆东西时，你是否会愿意就每件产品与老板讨价还价。答案显然是否定的，因为这样的时间成本太高了。

通过杂货店这个例子，我们可以总结出三点不谈判的理由：

①即便你再乐观地评估潜在利益，也觉得这些利益与你的时间成本相比，显得微不足道。

②当你讨价还价的时候，后面排队的人会不高兴。

③为了这点小钱去讨价还价还需要承担心理压力，毕竟这样的做法不常见。

提高自我期望，树立心理优势

1968年，美国心理学家罗森塔尔等人做了一个著名的实验。他们到一所小学，分别从每个年级中选出三个班的儿童进行"预测未来发展的测验"，并将认为有"优异发展可能"的学生名单告知教师。其实，这个名单只是随机抽取的。这样做的目的是以"权威性的谎言"暗示教师，从而调动教师对名单上的学生的某种期待心理。8个月后，名单上的学生的成绩普遍提高了。人们把这种通过教师对学生心理的潜移默化的影响，从而使学生取得教师所期望的进步的现象叫"自我实现的预言效应"。

问题是，这种效应也适合谈判吗？答案是肯定的，而且期望对谈判者水平的发挥、目标的实现有至关重要的作用。比如美国一些顶尖商学院开展的研究发现，期望对报酬的确定发挥了至关重要的作用。该研究表明，哈佛商学院女性MBA的起薪比同等条件下男性MBA的低了大概6%。更糟糕的是，女性MBA每年获得的奖金比同等条件下男性MBA的少了近19%。事实上，限制女性MBA工资和奖金的主要是她们的期望：女性MBA对于薪酬待遇的各个组成部分总是模糊不清。不过，当男性、女性MBA对当前的工资和奖金信息都了解得一清二楚，大家的期望也趋于一致时，谈判行为以及由此产生的结果，男女之间几乎相差无几。也就是

第二章 充分准备，方能做到屡辩屡胜

说，相似的期望产生了相似的结果。

另外一种心理现象也证明了，人们的期望会对谈判能力以及结果产生很大的影响。比如，某个人担心他所在的团队存在着某种负面情绪，因此他会产生焦虑感，进而降低期望，团队业绩也会随之下滑。心理学家把人们的这一心理现象定义为"刻板印象"。比如，黑人运动员有运动天赋，白人运动员有运动智慧。如果这两种运动员同时出现在高尔夫球场上，高尔夫球教练若告诉他们这种运动更考验选手的运动智慧，则白人运动员会打得更好；若告诉他们这种运动更考验选手的运动天赋，则黑人运动员会取得更好的成绩。

人的心理之所以会产生这两种效应，主要是因为期望会内化成影响人精神的驱动力，进而影响人的行为。那么，期望对一个人的谈判力究竟会产生多大影响呢？为此，研究人员曾做过一个实验：研究人员将男性和女性随机分成两个人数相同的小组，并告诉第一组参与者，如果谈判者的风格过于武断、强横，对他人的偏好进行超级理性的分析，并抑制情绪的表达（人们对男性的负面刻板印象），则谈判结果往往很差劲。他们告诉另一组人，当谈判者只回答对方的直接提问，依赖直觉或表露情绪来推动谈判时（人们对女性的负面刻板印象），结果会更差一些。随后，接受暗示的参与者列出了他们对自己谈判表现的期望。结果，男性谈判者在面对针对男性的负面刻板印象时，比同等条件下的女性在谈判中的表现差劲；女性谈判者在面对针对女性的负面刻板印象时，也比同等条件下的男性在谈判中的表现差劲。

通过这个实验，人们得出一个结论：如果想要在谈判中获得更好的表现，就要为可能出现的情境设定适当的期望。事实上，这样做不仅仅为你在谈判中提供明显的优势，而且有助于你取得更好的成绩。

明确自己的筹码和底线，让心里更有底

《道德经》里说"知人者智，自知者明"，《孙子兵法》有云"知己知彼，百战不殆"。这两句至理名言虽然传递出来的道理各异，但它们在传递道理时的侧重点至少在形式上还是非常相似的。特别是对谈判者来说，知己、知彼几乎就是互相影响、密不可分的。如果对自己没有一个客观的评价，就不会对对方的实力有一个客观的认识。所以说，在谈判之前，对自己有一个客观的、深入的了解，意义非常重大。那么，作为谈判者，究竟该怎样"自知"呢？很简单，只要回答两个问题即可：你的筹码是什么？你的底线是什么？

1. 分析筹码

现在不管是像沃尔玛这样的实体商店，还是像京东、天猫这样的网络商城，它们销售的商品一般都是明码标价的，顾客一般没有讨价还价的余地。如果你接受对方的价格，就买；接受不了，商家也不会为你降价。这种买卖的达成，中间没有经过谈判，事实上，对商家而言，顾客根本就不可能选择谈判，因为顾客没有筹码。那么，是所有的顾客都没有筹码吗？当然不是。试想一下，如果你购买的商品数量足够多，对方的利润也足够大，则降价几乎是卖家必然的选择。从表面上看，购买量是你的筹码；但

从本质上讲，你手里捏有多少对方的利益才是谈判筹码的关键。有些谈判筹码很明显，有些谈判筹码相对隐晦，但我们依然可以用一些简单的方法来寻找自身的谈判筹码，比如分析自身的优势、劣势等。

（1）自身实力分析——寻找谈判筹码的切入点

谈判是口才的交锋，也是心理的较量，不过这更多的是体现在谈判桌上。在开始谈判之前，双方的实力才是谈判筹码的关键。资本、技术、声誉、人脉等，都是实力的重要组成部分。一旦谈判者具备了以上各种吸引人的实力，就可以将其作为自己谈判的筹码，在谈判桌上为自己争取更多的利益。不管对方是想从你身上获取某些利益，还是担心某种状况的出现，只要你可以控制这些，也就是说主动权在你这里，这些就都算是你的筹码。

以经销商和制造商为例，他们都处在同一利益链条上，经销商离不开制造商的产品，制造商离不开经销商的渠道，但他们也有各自的筹码。如果制造商是一家知名企业，很多经销商就会争着与他们合作，此时制造商的名声就是他们的筹码；如果制造商是一家刚刚成立的小企业，他们就会拜访各地的经销商争取合作，此时经销商的渠道就是他们的谈判筹码。当然，筹码的重心有偏移，并不代表另一方就完全没有筹码，比如小企业所生产出来的产品价格低就是他们的筹码。

（2）研究谈判对手——寻找谈判筹码的方法

在一场谈判中，什么是最重要的？很多人会说专业知识，也有人说是谈判筹码。当然，这些说法不能说有错，毕竟很多谈判也确实印证了这样的道理。但是，就谈判本身的整体性而言，人才是最重要的。

据相关研究表明，在促使谈判双方达成协议的关键要素中，专业知识所起的作用不到10%，而人在其中所起的作用却超过了50%。试想一下，如果谈判双方互相敌对，互不信任，也不愿意彼此倾听，则要专业知识有何用，已有的谈判筹码如何彰显它的价值。所以说，为了凸显已有筹码的价值，同时也为了发现新的筹码，少不了对谈判对手的研究。

研究谈判对手，就要了解对方的顾虑和需求，并针对对方的顾虑、需求发现新的谈判筹码。为了做好这一点，就需要同谈判对手保持密切的联系。如果条件允许，则最好做些市场调查，了解对手需求的潜在变化等。

当然，筹码不是死的，它会随着外部环境的变化发生改变。这种外部环境包括两方面：实力对比的变化，实际需求的变化。不管哪一方面发生变化，谈判筹码的重心都有可能迁移。

以上谈判筹码的寻觅都建立在已知的、客观的优势上面，如果明知自己确实不具备足够的实力，则该如何寻找谈判筹码呢？其实，可以利用嫁接法。所谓嫁接法，就是通过吸引与谈判对手关系密切的第三方，为我所用，起到谈判筹码的作用。比如甲方与乙方谈判，甲方处于劣势，此时甲方获悉，乙方正在和丙方谈判，而且乙方有求于丙方，然后甲方可以通过与丙方建立关系，并把丙方相对于乙方的优势转嫁到甲方身上。

2. 明确底线

谈判双方都有自己的筹码，而且各自的筹码大部分都是显性的，也就是说，你自己清楚，别人也知道。既然对方知道你的筹码，那么会就此提出相应的策略来应对。所以说，只知道自己的筹码还不行，还必须明确自己的底线。

所谓底线，就是己方可以接受的最低标准或者最后期限。以销售为例，产品的最低价就是卖方的底线。无论参与什么样的谈判，明确谈判底线都是至关重要的。

（1）制定底线的优势

谈判是为了实现自身的利益，而设定底线就是保障这种利益。试想一下：如果谈判结果已经逾越了底线，那么谈判还有什么意义？

如果说制定谈判目标是为了让利益最大化，设定底线就可以让谈判灵活化。只要对方的要求没有触碰自己的底线，一切就都可以谈，一旦触碰或者逾越了底线，那就没什么好说的了。此时，你可以扔掉一切包袱，强硬起来，说不定还有转机。

从某种程度上讲，制定底线还可以起到维护信誉与形象的作用。如果涉及产品质量或者原则性的问题，你的底线不明确，那么对方会一再拉低你的底线。这可能会让你暂时获利，但从长远来看，这样做无异于饮鸩止渴。在底线面前不妥协，既是一个人应有的魄力，又是一个企业应有的责任。

（2）制定底线的方法

底线很重要，所以制定底线的时候也要格外小心。如果底线过高，则不利于价值实现；如果底线过低，则不利于长久发展。所以说，制定底线的时候，不仅要考虑自身的情况，还要站在谈判对手的角度去考虑。一个切合实际的谈判底线，对于谈判的成败、利益的实现都有着直观的、重要的作用。另外，还有非常重要的一点是，谈判底线千万不能让对方知道。因为对方一旦知道了你的谈判底线，就会把你的筹码压制到最低，进而最大化地压制你的利益空间。

先达成内部共识，凝聚力就是战斗力

有些谈判是自己单枪匹马地与对方谈的，但更多的谈判是以团队的形式展开的。团队谈判有自身的优势，但也存在一些弊端，特别是当团队内部的意见不统一时，这种弊端很容易被对方察觉，轻者会被对方认为不专业，严重的时候甚至会被对方利用。所以说，团队内部先达成共识，不仅可以避免各种隐患，还能够保证团队内部各成员的实力得到最大限度的发挥。

1. 制订计划，统一目标

一个明确、统一的目标不仅是谈判的前提，而且可以让团队在谈判的时候明确自身定位，居于主动地位。如果目标不明确，就像是漂泊在海上的帆船，前途充满了各种变数。如果没有统一的目标，谈判的结果就有可能背离原始的意图。

（1）确定谈判目标

通常情况下，谈判者会将目标分为三个层次：最低目标、实际目标、最高目标。

最低目标就是基本目标，也是评价一场谈判是否成功的最低标准。有时候，为了实现最低目标，即便冒着谈判破裂的风险，也要坚守到底。最低目标就像是最后一道防线一样，如果不统一，就很容易被对方攻破。

实际目标就是谈判者根据各种主客观因素以及谈判现场的情况，评估出的一个较为全面、实际的目标。这个目标就像是一个利益范围，在这个范围内可以争取或者让步。即便如此，超额完成实际目标也是谈判者应该具备的"野心"。

理想目标就是最高目标。在外人看来，这个目标有点不切合实际，但是谈判者要知道这样的目标并非不可能实现。事实上，目标高一点，利益就会大一些，这也是谈判者的精神动力。另外，一个较高的目标，也可以赋予谈判者的思维一个不一样的视野，扩大潜在的谈判空间。

虽然把目标分成了初、中、高三个类别，但是谈判的时候一定要灵活把握谈判的节奏，适时做出策略的调整。永远记住：利益最大化是最高的、永远的目标。

（2）确定目标时需要注意的点

①制定目标是为了实现目标，如果目标高得不切合实际，或者低得毫无价值，制定目标就失去了应有的意义。

首先，追求理想目标的时候，不可盲目乐观。盲目乐观会滋生骄傲的心理，不利于谈判者在谈判的时候发挥出最好的水平。其次，谈判的目标一定要有弹性，这样的话，谈判者可以灵活地调整策略，有利于谈判的顺利推进。

②谈判目标有时候是单一的，有时候会同时包括好几个目标。

如果目标比较多，就要有主次之分。谈判的时候，要先完成主要的，再实现次要的。当然，也可以把目标分为困难的和容易的。如果谈判陷入僵局，就可以先实现容易的目标，再实现困难的目标。

③一般情况下，谈判者都会为团队设置一个最低目标，而且团队中的

每一个成员也都对这个目标一清二楚。

此时，谈判最为忌讳的一点就是让谈判对手知道了你的最低目标。一旦对方知道了这个目标，你会发现接下来的谈判无时无刻不受人限制。说最低目标是商业机密一点也不为过，所以，一定要做好目标的保密工作。

④目标一旦确立之后，最好不要修改，但也不排除新线索的获取，或者发现谈判目标中存在着某些瑕疵。此时，一定要把团队中的成员召集起来，共同商量，并寻找最佳的解决办法。如果现实条件不具备让大家在一起讨论，就要把这些情况以及修改过的目标及时地通知给参与谈判的成员们。

⑤最后也是最为重要的一点是，团队中的成员一定要对目标有一个清醒的认识，并在谈判前后统一口径。无论是在台上发言，还是在谈判桌前辩论，都要如此。

2. 明确各自的职责

前面说过，团队谈判有自己的优势，但也存在着一些弊端。比如在谈判过程中，很容易出现分工不明确导致的混乱。到最后，大家互相推卸责任，感觉不是自己的错。

团队的负责人必须让团队里的每个成员明确谈判最终想取得怎么样的结果，以及为了达到这样的结果，每个人各自的分工是什么。如果发现团队里面出现了沟通不畅或者分工不明确的现象，就一定要及时消除。

既然大家能够组成一个谈判的团队，那么每个人身上肯定都有各自的优势。团队负责人在分配任务的时候，一定要根据成员的能力和特点进行最优化的配置。人员分配到位了，职责也自然会明确，加上目标统一，整个团队的战斗力也会最强；否则，整个团队就像是一盘散沙，很容易被对手击败。

为谈判多设几个选项，诱导对方做权衡

谈判的时候，拥有更多选项的一方往往会占有更多的优势。以购物为例，顾客一般都会"货比三家"，所以相对于销售员而言，顾客在谈判过程中占有明显的优势。虽然销售员每天会接待很多顾客，但是他们更多的是从这些顾客中争取成交，而不是选择可以买他们产品的顾客。话虽如此，但也不能说销售员就完全处于销售谈判的被动地位。事实上，有些经验丰富的销售员可以通过顾客的穿着打扮、言谈举止来评估他们的购买力和购买欲望，而且很多这样的评估还相当准确。总之，不管是属于哪一类谈判，拥有更多选项的谈判者都相当于手里握着制胜的好牌。

谈判的时候，如果你必须购买对方的产品或者必须接受对方的价格，那么就算对方的态度和缓，你也会显得很被动。相反，如果你选择的余地很多，谈判的时候就算对方态度很蛮横，或者提出过分的要求，你也可以果断回绝。

在商品交易中，供需平衡是决定双方选项多寡的重要因素。就供货商而言，他提供的产品需求量越大，优势就会越大；反之，供大于求，优势就会转移到顾客那里。就生产商而言，他的优势取决于所生产产品的性价比。产品的质量越好，他的优势也就会越明显。其实，在服务行业也遵循

着同样的道理，谁家的口味越独特，服务越周到，竞争力也就会越强大，越持久。

有些商家会在做活动的时候推出一些限量版的产品，遇到讨价还价的顾客，他们就会理直气壮地说："如果你无法接受这样的价格，那么很遗憾，我们不能卖给你。"对顾客而言，如果你的购买力非常惊人，你就会成为销售员争取的对象，此时，你在谈判的过程中就会居于有利地位。

如果自身拥有的选项较多，就可以在对方施压的时候岿然不动。有时候即便谈判陷入了僵局，甚至是谈判失败，也不会对你造成太大的影响。事实上，如果你的选项较多，谈判是否会走向失败的主导权也会在你那里。

吴林经营着一家电脑配件厂，因为质量可靠、口碑也不错，产品在当地非常热销。刘彤是他的客户之一，不过，在最新一轮合作开始的时候，吴林和刘彤却在优惠幅度方面发生了分歧。刘彤提议至少要给他们12%的优惠，但吴林认为那样的话，自己公司的盈利空间就会大幅收缩，所以坚持只能给他们9%的优惠。最后，双方的谈判陷入僵局。

事实上，刘彤之所以提出12%的优惠，是因为吴林曾经给另外一个客户的优惠也是处在这一水平。而吴林的说法是，与刘彤的合作时间不长，而且对方的要货量远没有达到可以优惠12%的条件。另外，吴林认为，自己的产品质量很好，而且刘彤在合作的这段时间以来都对自己的产品称赞有加，现在突然提出更高的优惠完全没有道理。于是，吴林决定对刘彤公司展开调查。结果，他发现刘彤除了和自己公司接触之外，还和另外一家与自己是竞争关系的公司接触过多次，而且这家公司还给刘彤开出了优厚的条件。

第二章　充分准备，方能做到屡辩屡胜

吴林觉得，基于自己产品质量和口碑方面的优势，自己的选项要多于刘彤。但是，现在对方又和其他供应商洽谈，虽然未必就会舍弃自己，但至少在选项方面，双方的优势正在趋于平衡。为了保住这个客户，吴林认为有必要派人与刘彤方面积极接触，但又不能表现得太过于屈从。最后，吴林并没有在价格方面做出让步，而是在其他条件上做出了让步，双方达成了继续合作的协议。

在谈判过程中，多一个选择就会多一个机会，多一份谈判的筹码。在上述案例中，如果刘彤没有找其他供应商洽谈，或许最后会一无所获。而吴林无疑也是一个非常聪明的商人，他很会权衡双方的力量，知道应该在什么地方松一点，在什么地方紧一点。

有些谈判可能是在双方力量均衡的情况下展开的，但也不排除有些谈判双方的力量对比悬殊。比如在面对一些知名企业的时候，小公司根本就没有谈判的余地。但是，事情永远不会如此绝对，即便是小公司，只要愿意寻找，就可以找到让自己在谈判过程中居于上风的选项。

在销售行业，销售员通常不会挑选顾客，但顾客肯定会在不同的商家之间周旋。对销售员来说，每一个顾客都是稀缺资源，这次失去了可能就会永远错失，所以在和销售员的谈判中，顾客居于主导地位。但顾客的主导地位并不绝对，事实上，很多大城市的房东在面对租客时，往往会显得很不客气，因为他们觉得就算你不住，接下来很快就会有其他租客补上。即便如此，顾客也不是说就没有谈判的余地。

张斌在郑州一个城中村租了一套为期一年的房子，再过半个月就要到期了，他找房东谈判，希望可以续约。不过，让他没有想到的是，房价从

原来的每年3500元涨到了4000元。张斌决定暂停续约，而是到附近看看其他的房价都处在什么样的水平。

看了很多租售的房屋之后，他发现他所在的城中村的房价基本上都维持在每个月300元上下的样子，装修好一点的可能需要400元每个月，稍微次一点的也有220元一个月的。张斌现在住的房子属于中档装修，环境、地理位置都还不错，但他不想额外支付更高的房租。

他再次找到房东说："我最近两天到附近逛了一下，发现周围有的房屋一个月300元，一年下来也就是不到4000元，而且就在对面那栋楼。"

房东说："那可不一样，他们的装修肯定没有我们这边好。"

张斌说："你说的没错，确实没有你这边装修得好。我已经在这里住了一年了，我们也算有点感情，而且我一直把房屋当自己的家一样，没在上面乱钉钉子什么的。如果我真的搬到对面了，你还要打扫房间，找租客，也挺费事的。要不这样，我再和你续约一年，明年你按照市场价该怎么涨就怎么涨。"

房东思考了一下，感觉张斌说的也有道理，最后说："好吧，既然你已经住这么久了，那就还是按照原来的价格再租你一年吧。"

谈判的时候，不管优势在哪一边，双方肯定都是会有压力的。如果你的可选项少，就要抓住对方的压力点，然后无限放大对方的压力点。这种办法未必总能奏效，但有时候也会有神奇的效果。

没有情报优势，哪有优势谈判

看过国内外各种"二战"期间谍战类影视剧的读者一定会对其中五花八门搜集情报的手段记忆犹新，而且有时候为了搜集到对方的重要情报，不惜牺牲情报人员的性命。情报对于战争双方的重要性由此可见一斑。即便是处在和平年代的今天，情报的重要性依然没有丝毫减弱，而且每个国家都有自己的情报部门，比如美国的"中情局"，英国的"军情六处"等。事实上，不管是"热战"还是"冷战"，甚至包括现在的"商战"，搜集对手的情报都非常重要，有时候还会对结局起到决定性的作用。"热战""冷战"多是敌对双方的对抗，很少涉及谈判，但是商战则不同，除了明争暗斗之外，有时候还要坐在一起用嘴巴激烈地交锋。此时，情报将会发挥出非常重要的作用。那么，如何搜集谈判对手的情报呢？主要有以下几种方法：

1. 咨询与谈判对手关系密切的人或客商

不管是个人，还是企业法人，都不可能孤立地存在，肯定有和他关系密切的人或客商。对人而言，关系密切的除了亲人、朋友之外，还有同事、合作伙伴等。而企业的关系则更为复杂，除了有与之合作的经销商、供应商之外，还有规模不等的客商以及各种服务类公司。当然，为了能够拿到重要的情报，最好找一些大的客商。许多大客商既是对方公司的买家，又是咨询方的买家。鉴于大客户的影响力，一般企业都会在政策方面给予他们优惠。当然，业务终究是要通过人来协调处理的，自然也就会出现诸如"肝胆相照、无话不说"之类的现象。大客户对厂家的情况会了解得比一般人清楚，因此询问他们，是一种非常重要的捷径。

2. 吸引谈判对手的骨干成员

谈判对手内部有时候也会因为发展理念、利益分配等因素产生分歧，独具慧眼的竞争者需要把对方的分歧转化为自己的优势，比如吸引对方的骨干成员，甚至招聘他们，让他们成为自己的手下。故意设陷阱离间谈判对手，自然不道德；那么如果是对方自己的原因所造成的分歧，不抓住机会只能说缺乏职场魄力和眼光。

一般而言，对方骨干人员所掌握的信息很可能是你无论如何也无法获得的。就市场销售领域而言，重要性由高到低依次为：品牌销售总监、总部销售人员、区域管理人员、一线销售人员等。职务越高，他们掌握的情报也就越多，也往往更为重要。当然，对方的职位越高，挖的难度也会越大。

吸引谈判对手的时候，还有一个非常重要的点需要注意：警惕对方的"卧底"。

3. 借力大型的展览活动

每个行业都有自己的行业交流活动，比如各种展览、研讨会等。虽然不能说每个厂家、企业都会定期参加自己行业的类似活动，但是行业里的标杆企业或者有新产品推出的企业还是很重视类似活动的。通过这样的活动，企业可以提高自己的知名度和寻找潜在客商。事实上，这也是了解对方情报信息的最佳途径。当然，在这种场合，试图挖掘对方的情报，必须是对该行业清晰明了的人，而且有较高的信息判断能力。否则，非但挖掘不到关键的信息，还很容易露出马脚，引起对方的怀疑。

4. 追踪对方领导的言行

很多人以为情报挖掘是一项技术活，需要翻墙入室或者坑蒙拐骗偷才能获得，这显然是一种误解。事实上，情报无处不在，只要你有足够的敏感度和判断力。比如对方领导人在各种公开场合发表的各种言论其实都是情报信息。当然，这些信息需要加工、整理，有时候需要长期地跟踪、监督才会有所获。因此，跟踪竞争品牌领导的言行，分析他们不经意流露出的信息，就能未雨绸缪。很多时候，领导的言语都不是空穴来风，只有细心的人才会觉察到这种言语背后的情报信息。

5. 通过参观或学习获得情报

如果实在没有别的渠道获取对方的信息，那么参观学习也未尝不是一个办法。实际上，这种零距离式的参观学习往往是最可靠、最真实的情报来源。你可以以寻求合作或投资考察的方式进入对方的防范区，获得竞争品牌的生产规模、销售渠道、制造程序等敏感信息；可以以技术交流或派遣"实习"的方式，得到一些重要的技术或秘方。

探明对方的底牌,谈判才能胸有成竹

前面我们讲过,谈判之前最好明确自己的底线和筹码,事实上,如果能够知道对方的底牌,谈判成功的概率就会大增。就商务谈判而言,对方的底价、权限、目标等都可以称为谈判的底牌。然而,这些信息一般都会被谈判者列为机密,所以并不容易获得。如果只是一些小规模的谈判,对方的底牌就会显得无关紧要;但是如果谈判涉及的利益非常巨大,则涉及对方底牌的任何一点线索都会非常重要。所以,谈判者需要通过一些方法、技巧摸清对方的底牌,从而在谈判中占据上风。那么,究竟该如何获取对方的这些信息呢?下面便是一些行之有效的方法。

1. 深入研究对方信息

搜集与谈判相关的信息是准备工作必不可少的环节。有些信息是显性的,比如谈判代表的人数、年龄、性格等;但有些信息隐性的,比如对方的策略、筹码、底牌等。隐性信息虽然不可能很容易地获得,但可以通过对一些显性的信息进行分析,然后猜测出对方的企图、目的以及可能会采用的策略等。

2. 试探

通常情况下,在得到对方报价后,可以在保留自己底牌的基础上降低对方的期望值，给对方制造压力，从而试探出对方的底牌。比如，听到对方的报价后，你可以说"哇，太贵了"或者"能否给一个更合理的价格"，然后等着对方给出一个更合理的价格。

当然，你也可以用"狮子大开口"的方式先报价，把价格界定在一个对你有利的范围内，然后慢慢试探，直到对方亮出底牌。这种方法在面对谈判经验不是很足的新手时尤为适用。即便对方是优势谈判高手，这种方法也可以为自己争取到更多的机会。

3. 迂回询问

所谓迂回询问，就是从相关的另一个不容易引发对方警惕心理的角度去询问对方的底牌。比如你问："你如此优秀，在公司应该很受领导赏识吧？""领导应该也会让你处理有关采购方面的工作吧？"通过这些问题，你可以试探出对方的谈判权限。有时候，在谈判开始前可以热情友好地问谈判对手："我一个朋友在某旅行公司上班，从他那里订机票会比较便宜一点，要不我也帮你把返程的机票预定了吧？"通过这个询问，你可以知道对方是否有谈判期限的限制。有时候，你也可以通过闲聊的方法，问对方公司的经营状况，打算投资的领域、项目等。说不定对方说漏嘴了，还会给你提供更多的底牌信息。

4. 造假

谈判的时候，你可以通过故意报错价、念错字或者误解对方的意思等行为，观察对方的表情或者态度变化。如果对方表情严肃、神情紧张，那么说明这个对他很重要；如果对方表情漠然，就说明对方不太重视这一块。

当然，我们在摸索对方底牌的时候，也必须防止对方知道自己的底牌，但要真正做到这一点，还需要掌握一点技巧和方法。

1. 以静制动

在谈判桌上，为了避免被对方识破底牌，就需要寡言慎行。你可以抽烟、发呆，或者总是把微笑挂在嘴边，让对方不知道你葫芦里究竟卖的什么药。有时候，对方就算知道了你的底牌，也不敢保证其真实性。

2. 装傻充愣

假如对方试图通过各种方式试探你的底牌，最好的办法就是装傻充愣。无论对方问你什么问题，你都可以用"我也不确定""我不清楚""这事还没定下来"等来模糊回应。一般通过这种方法，你就能把对方的问题给挡回去。

3. 针锋相对

如果有些谈判对手试图通过激将手段把你激怒，那么你也可以用相同的方法回应他们。比如对方说："一分价格一分货。"你可以反问："这么说，你是觉得我们的产品太次了，是吗？"如果对方问："那你觉得什么样的价格合理？"你可以这样回应："反正现在这个价格肯定不行，不要把我们都当成傻子。"这样一来，既没有泄漏自己的底牌，而且又把问题抛给了对方。

4. 弄虚作假

如果事先捏造一个虚假的底牌，并将其暴露给对方，对方在谈判的时候就会以这个信息为依据。以最简单的购物为例，假如你在商场里看重了一件衣服，无奈商家要价过高。经过多次讨价还价，商家把价格定在170元，而你却希望120元就买到。最后，你斩钉截铁地说道："我口袋里现在只装了120元，如果这个价格你依然无法接受的话，那我只能放弃了，尽管我真的很喜欢这件衣服。"通常情况下，商家都会无奈地接受你的价格，而你只是口袋里正好装了120元，而钱包里还是鼓鼓的。

第三章

巧用策略，心理战术让谈判事半功倍

技熟事定，举必有功。

——刘禹锡

在交谈中，判断比雄辩更重要。

——格拉西安

一个人必须知道该说什么，一个人必须知道什么时候说，一个人必须知道对谁说，一个人必须知道怎么说。

——德鲁克

红白脸策略——软硬兼施动人心

"红白脸"原本是中国传统戏剧中的说法,一般把忠臣或者好人扮成红脸,而把奸臣或者坏人扮成白脸。后来人们索性就用"红脸"代表好人,用"白脸"代表坏人。不过随着时间的推移,这种用法也发生了改变,更多的时候,它是表示在做一件事情的时候,有的说好话,有的说坏话。如今,红白脸策略俨然已经成为最重要的谈判策略之一。

关于红白脸策略,查尔斯·狄更斯在他的小说《远大前程》里面有过一段精彩的描述。主人公皮普正在干活,突然有一个逃犯从离他不远的坟地里跳出来,让皮普回到村子里弄些食物和打开他脚镣的工具。此时,逃犯陷入了两难:他既要让皮普感到害怕,这样皮普才会听话照做;另一方面,他又不能让皮普过于害怕,因为如果这样的话,皮普就会跑到村子里报警。怎么办呢?这个逃犯想了一个办法——红白脸。

这个逃犯先是笑嘻嘻地对皮普说道:"皮普,你知道我对你并没有恶意,甚至还有点喜欢你,所以我是绝不会伤害你的。但是,我也必须告诉你一件事,就在那片树林后面,还藏了一个我的同伴,他现在正在盯着我们看。他的脾气非常暴躁,而且只听我一个人的话。如果你胆敢耍什么花招,他会要了你的命。"就这样,逃犯既要给皮普施加一定的压力,又不能让他产生抵抗情绪。唯有这样，红白脸策略才能奏效。

其实红白脸策略在生活中很常见，而且警察也经常会用这种策略来审嫌疑犯。当犯人被带到审判室，经常会有两个警官。其中一个（通常也是先开口的那位）看起来很凶，威胁着说："如果你不合作，有你好看的。"如果警官的威胁激怒了犯人，或者犯人没有任何反应，另一位警官就会开口，并会表现得很温和。他可能会递给犯人一根烟，拍着犯人的肩膀，然后和气地说道："孩子，你的情况并没有你想象的那么糟。我知道你对我们不够信任，但是，我们现在是你唯一可以信任的人。那么，告诉我，毒品藏在什么地方？"

鉴于红白脸策略一般都是由两个人实施，所以在谈判的时候，如果发现桌子对面坐的正好就是两个人，你就要小心了，对方有可能会采取这样的策略逼你就范。如果真的是这种情况，你大可不必在意对方的面子，直接反问对方："你们这不是在和我玩红白脸的游戏吧？"一般情况下，对方都会停止采用这种策略。如果这种方法不管用，或者不方便用，那么你也可以为自己虚构一个黑脸。比如你告诉对方，自己可以满足他们的要求，但关键是自己那个暴躁脾气的上司未必会同意，说不定还会把条件卡得更死。

当然，有时候即便对方知道你是在玩红白脸的游戏，也不妨碍这种策略会发挥出巨大的威力。

1980年11月，深陷伊朗人质危机旋涡中心的卡特总统被美国选民用选票赶下了台。即便如此，卡特依然希望自己在1981年1月20日离职前将其解决。在谈判后期，他开始和伊朗领袖霍梅尼玩起了红白脸策略。他对霍梅尼喊话道："如果你聪明的话，应该和我和解，千万不要和1月份即将入住白宫的那帮人打交道。你知道吗？接下来的这位总统是个曾经演过牛仔的演员，他的副总统曾经掌管过中央情报局，国务卿亚历山大·黑格甚至比英国人还要疯狂。没有人知道他们会做出什么。"

当时竞选总统的里根对卡特的言论也心领神会，便对劫持分子说："伙计，如果我是你们的话，我会选择与卡特合作来解决这个问题。他是个非常不错的人。我想，你们肯定会后悔我作为你们的对手的。"

最后，已经被扣押了四百多天的人质在卡特卸任总统33分钟后登上了回国的飞机。

唱"红脸""白脸"听起来简单，但在实际操作过程中并不是那么容易的，而是需要一定的技巧。比如那个唱"红脸"的人在渲染负面结果的时候，要把握好一个度，不能把话说得太狠。否则，很可能会激起听者的反抗意识，到最后来个鱼死网破也说不好。所以说，在讲威胁的话的时候，需要对听者的心理有一个把握。

为了让谈判效果达到最佳，不管是"白脸"的威胁，还是"红脸"的抚慰，都需要注意以下几个方面。

①态度要友善。即便是威胁，也不能让对方从你身上感受到毫无道理的恶意。

②理由要充分。你可以责难对方，但是你责难的理由要充分。

③适可而止。任何事情都需要把握一个度，在用这种方式进行说服的时候，更是如此。记住，威胁得太过分了，只能适得其反。

红鲱鱼策略——故作姿态以换取让步

鲱鱼的学名叫太平洋鲱鱼，为冷水性中上层鱼类，平时栖息于较深海域，为重要的出口水产品之一。当鲱鱼被晾干腌制起来之后，肉就会变成红色。英国人把这种红鲱鱼称为腌熏鲱鱼，一些动物保护协会的人员用腌熏鲱鱼来反对猎人捕猎狐狸。他们的具体做法是把腌熏鲱鱼放在狐狸经过的路上，以此掩盖住狐狸身上散发的味道，从而让猎犬无法追踪狐狸的踪迹。遇到这种情况，猎人们就会大骂："这群混蛋，又在糊弄我的猎犬了。"时间一久，"红鲱鱼"就成了一个常用的短语，用来形容那些转移对手注意力的事情。特别是在公关、宣传上，红鲱鱼策略经常被使用，比如利用新的事件或议题，将群众的注意力从原先关注的议题上移开。红鲱鱼策略也常用来处理政府或企业面临的危机，在危机发生的时候抛出另外一个不相干的议题；或是配合乐队花车技巧，混淆群众。

采用红鲱鱼策略时，谈判者一般会先提出一个并不重要的要求，然后再收回自己的要求，作为回报，对方也需要做出一些让步。在使用这个策略方面，朝鲜半岛停战和谈的例子堪称典范。

朝鲜半岛停战和谈开始后，根据双方达成的协议，各自选出3个中立国作为己方的代表，连同本国代表一起出现在谈判席上。当时的韩国政府选择的中立国分别是瑞士、挪威、瑞典，而朝鲜只选择了波兰和捷克斯洛伐克。而且，朝鲜宣称他们暂时选不出第三个国家，而且建议先开始谈判，随后再选出第三个国家。

事后证明，这正是朝鲜为红鲱鱼策略埋下的伏笔。等到时机成熟之后，他们宣称自己已经选好了第3个国家，就是苏联。毫无疑问，苏联绝对不可能作为中立国出现在谈判桌上，所以国际社会也对朝鲜进行谴责。朝鲜对此做了解释，说苏联并没有直接参与朝鲜战争，所以国际社会根本没有理由对它抱有偏见。

事实上，除了红鲱鱼策略之外，朝鲜还使用了一种小孩子经常会用到的策略。比如，一个小孩子想看电影，征求爸爸的意见：

小孩："爸爸，今天晚上可以看电影吗？"

爸爸："不行。"

小孩："为什么？"

爸爸："因为你上个星期刚去过。"

小孩："我知道，可是为什么今天就不能再去呢？"

爸爸："我不希望你如此频繁地去电影院。"

小孩："可是，为什么呢？"

当这位父亲连续拒绝10次之后，连他自己都不清楚为什么要把一场电影看得如此重要。他甚至怀疑自己是否有点小题大做，或者那个不讲道理的人正是自己。

毫无疑问，朝鲜也采用了同样的策略。苏联虽然没有直接参与战争，但作为中立国显然是不可取的，即便如此，朝鲜也可以从中找出貌似有利于自己的理由。他们就像那个要看电影的小孩子一样，不断声称自己不理解为什么不能让苏联作为中立国。最后，连韩国政府也不太明白自己为什么如此排斥苏联。最后，谈判陷入僵局。就在此刻，朝鲜突然宣布，可以不让苏联出现在谈判桌上，但是他们也必须做出让步。

原来，谈判刚开始时，双方达成了一项不得重修自己机场跑道的共识，但后来朝鲜意识到自己在这一条款上吃了亏。因为即便没有跑道，美国的飞机也可以在航空母舰上起飞，但朝鲜就做不到。所以，这一共识对朝鲜是不公平的。也正是在这个时候，他们决定启动红鲱鱼策略。事实上，朝鲜压根就没打算让苏联作为中立国，他们之所以这样做就是为了分散韩国的注意力，并以此交换到自己想要的东西。事实证明，这一策略奏效了。朝鲜选择其他国家作为己方代表，而韩国也同意朝鲜可以重修自己的机场跑道。

客观来讲，红鲱鱼策略是一种不道德的谈判方法，但确实不排除它可以在关键的时候帮自己解围。如果遇到谈判对手使用这种策略，你就要格外谨慎。特别是当对方提出一些无关紧要的条件时，你一定要保持头脑清醒，必要的时候，可以当面指出对方正在使用这种策略。因为对方一旦意识到你识破了他的计谋，就会在接下来的谈判中有所收敛。

钳子策略——欲擒故纵的沉默谈判术

"越战"期间，美国前国务卿亨利·基辛格曾经让一位副国务卿准备一份关于东南亚政治形势的报告。这位副国务卿非常认真地完成了自己的工作，而且还对报告做了精心的包装，甚至在皮革封面上烫了金字。结果如何呢？报告很快就被打回来了，而且上面有一行批注："你应该做得更好一些。"

这位副国务卿搜集了更多的信息，对报告进行了补充、完善后，又提交给了基辛格。他本以为基辛格会满意了，但得到的批示依旧是："你应该做得更好一些。"看到这样的批注，副国务卿感觉自己遭遇了很大的挑战。随后，他召集团队人马加班加点地工作，决心提交一份让国务卿感觉是迄今为止最好的报告。两个星期后，报告修改工作顺利完成，副国务卿决定亲自提交报告。他来到基辛格的办公室，说道："基辛格先生，这份报告曾经被你打回来两次。随后，我们全班人马加班加点忙了两个星期，现在总算是修改完毕了。希望这次你不要再打回来了，因为我们发挥出了最高的水平，而且这份报告已经不可能做得更好了。"

基辛格冷静地把报告放到办公桌上，并说道："既然如此，我会看这份报告的。"

第三章 巧用策略，心理战术让谈判事半功倍

在这个故事中，基辛格使用的正是钳子策略。所谓的钳子策略，其实就是如此简单，只要告诉对方"你可以（必须）做得更好"。比如你经营着一家面粉厂，以批发面粉为主要业务。你给一家大型饭店打电话，希望他们可以考虑使用你生产的面粉。虽然对方一再表示自己与现有的面粉供货商合作得非常愉快，但你表示并不在意。如果对方说可以考虑一下你的面粉，那么你就已经向成功迈出了一大步。

最后，对方通常都会说："我们确实对现有的供货商非常满意，不过再找一位供货商也没有什么坏处。如果你们可以把每袋面粉的价格降到125元，我们可以考虑先订购50袋。"

此时，你最好什么也别做，只需要冷静地告诉对方："我想，你们应该给出一个更好的价格。"遇到这种情况，经验丰富的谈判高手通常会问："你所说的更好的价格具体是多少？"面对这样的质问，你最好保持沉默，一个字也不要说。此时，对方可能会立刻做出让步，很多人经常把这种方法叫作"沉默成交"。相反，有些人在面对他人具体价格的询问时，往往会先做出让步。其实，这非但没有必要，多数情况下反而会适得其反。

提出报价，然后保持沉默，记住，是一个字也不要说。看到你这种架势，对方都会先主动让步。

既然钳子策略是一种可以"粘贴""复制"的策略，也就是说，你会用，别人也会用，那么，该如何化解这种尴尬呢？下面这个例子或许会给我们一些启示。

有位客户想从一家房产公司那里购买一处不动产，约好了在一间小会议室里面谈。客户相对年长一些，而房产公司的销售代表则相对年轻，整

个会议室就他们两个人。因为之前已经有过谈判的经历，所以这次谈判一开始，销售代表直接提出了最新的报价，然后就闭上了嘴巴，不再说任何话。客户也是见过世面的老江湖，他一眼就识破了销售代表的计谋，心里暗骂："这个狡猾的家伙，居然在我面前使用这一招，看我怎么收拾你。你不说话，是吧？那好，我也不说话。"

就这样，两个人僵持着，会议室异常安静，只有墙上挂的钟表的嘀嘀嗒嗒的响声。很显然，他们都清楚对方在想什么，谁也不想先示弱。5分钟之后，销售代表终于按捺不住了，为了打破僵局，他潦草地在一张纸条上写了自己的"最终绝定"，然后将纸条推给客户。客户看到纸条，条件反射般地开口说道："你把'决定'的'决'字写错了。"对于已经沉默了5分钟的场面，一旦有人开口，原始的气氛自然会被打破。所以客户接着说道："如果你无法接受我的价格，那好，我再加2万。这已经是我能支付的最高价了，再多一分钱也不可能了。"事实上，销售代表是故意在纸条上把"决"字写错的，为的就是让对方率先打破僵局。结果，短短几分钟的沉默，加上一个巧妙的推动，客户就把价格涨了2万。

谈判可以解决政治纠纷，也可以为你节省金钱，当然，也可以最大限度地为你赚钱。通过谈判所获得的每一分钱都是额外收入，所以每次接到报价时，优势谈判高手的第一反应总是："你一定可以出一个更好的价格。"事实上，对方的确可以做到。

第三章 巧用策略，心理战术让谈判事半功倍

蚕食策略——让对方不断满足你的小要求

公元前238年，秦始皇嬴政铲除了丞相吕不韦和长信侯嫪毐集团，开始亲政。随后，秦王政在李斯、尉缭等人的协助下制定了"灭诸侯，成帝业，为天下一统"的策略，具体的措施是：笼络燕、齐，稳住魏、楚，消灭韩、赵；远交近攻，逐个击破。后来的史学家在研究这段历史的时候，发现秦灭六国的策略就像是蚕吃桑叶，一点一点地将其侵吞。刚开始，人们或许会觉得蚕吃桑叶的速度很慢，但是没一会儿就会发现，桑叶的一大片已经成为蚕的"囊中物"。因为它贴切生动地概括了强秦逐渐灭掉六国的历史情景，所以一直为史家所沿用，几乎成了秦灭六国的专用语。如今，人们把"蚕食策略"嫁接到谈判上，发现它的作用力依然巨大。

通常情况下，在谈判的过程中先争取小的让步，再争取大的让步，先做成小的订单，再争取大的订单，最后达到逐步扩大己方利益的目的，这便是活跃在谈判领域的蚕食策略。蚕食策略可以在谈判的各个环节中应用，即便是谈判已经结束，合同已经签订完毕，也可以请求对方答应你一些小的要求。由于合同已经谈拢，因此对方一般会从大局考虑，对你的一些小要求给予照顾。

蚕食策略会奏效，主要基于人们这样一种心理：既然已经做出了一小

点让步，再让一点也无所谓。一小步可能真的无关紧要，但这种策略的重心在于，一旦你有了提出条件的意识，对方有了让一小步的心理，那么事情就会水到渠成。当每一小步汇集到一起的时候，你就会发现自己的利益取得了重大进展。

刘闯有一个16岁的女儿，刚刚参加完高考，而且被一所重点大学录取。按照之前父女俩达成的协议，刘闯要送给女儿刘倩一份毕业礼物。其实，刘倩想要的可不止一件礼物，她想要一趟为期两周的美国行，还想额外再要2000元的零花钱，当然，如果拿这个零花钱去买一个自己一直渴望的旅行包就有点奢侈了。为了达到自己的目的，刘倩并没有把自己的礼物一次性全都说出来，而是先把最重要的旅行计划告诉了父亲。当然，刘闯肯定是同意了。隔了一天，刘倩又告诉父亲，说美国的消费水平有点高，如果能多点零花钱，这趟旅行或许会更有意思。她开口说的是3000元，结果母亲觉得有点多，最后父亲答应给她2000元。没错，这正是她想要的。就在准备出发的前一天，刘倩又找到父亲，说自己的旅行包有点破了，总不能背着这样一个破包去美国吧，那也太丢中国人的脸了。父亲已经意识到女儿一连串的要求其实已经完全超出了自己的预算，但没办法，谁让他前面都答应得那么痛快呢！就这样，出发前，刘倩顺利地拿到了父亲送给她的崭新的旅行包。

试想一下：如果刘倩一上来就把自己的礼物清单全部说出来，结果会怎样？有一点是肯定的，她不会如愿以偿。相反，她把自己的请求分层次、分时间段提了出来，而且每一个后续的请求都和第一个请求息息相关、浑然一体。这样，父亲不会觉得她的请求是无理取闹，也很容易接

第三章 巧用策略，心理战术让谈判事半功倍

受，即便这些礼物清单超出了他原本的预算。

其实，与家人、朋友之间的"内部谈判"相比，商场上的销售员在与顾客谈判的时候驾驭蚕食策略的能力更高一筹。事实上，商场也的确是蚕食策略最经常发挥作用的场所。

有个小伙子到一家大型百货公司应聘销售员，经理让他先试用一天，然后再决定是否正式录用。下班后，经理问他做了几单生意，结果他回答说只有一单。要知道，别的刚参加面试的销售员每天勤勤恳恳地工作下来，至少也能够做成七八单生意，而他一单的业绩在经理看来的确有点寒酸。本来经理已经决定让他走人了，但还是顺嘴问了一句："你这一单的销售额是多少？"

"40万美元。"小伙子答道。

听到这里，经理半天没缓过神来，因为即便是公司最优秀的销售员也很少有一天销售额超过5万美元的，而这位才第一天上班的新人就可以做到40万美元。

"40万美元……你究竟卖了多少货？"经理略显尴尬而又急切地问道。

"有位先生说要鱼钩，但因为是新手，所以不确定选择什么样的鱼钩。正好我经常钓鱼，对这方面的知识多少了解一些，便向他推荐了几款。后来在和他沟通的过程中我了解到，他是一家上市公司的老总，而且空闲时间非常多，对钓鱼的热情也非常高，就把在海上和湖面上钓鱼的工具都给他推荐了一遍。随后，我建议他把大、中、小号鱼钩和鱼线都买了，因为可以在不同的环境感受到钓鱼的不同乐趣。我问他最希望去哪里钓鱼，他说海边，所以就建议他买一条可以在海边钓鱼的小船。结果带他

到卖船的分公司后，他选了一艘有两个发动机的帆船。"

听到这里，经理显然已经目瞪口呆，有点不敢相信自己的耳朵。

"只是想买两个鱼钩的顾客，你是怎么说服对方买这么多产品的？"经理问道。

小伙子笑着说："不，他刚开始只是随便看看，并问了我明天的天气怎么样。我说很好，非常适合钓鱼，结果我们的话题就聊到了这上面，后面他的需求都是我一步步挖掘出来的。关键是我和这个人聊得很投机，而且他也很大方，然后就成交了这么多产品。"

通过这个例子，我们不难发现，顾客的需求是无止境的，如果你不主动挖掘就会错失很多商机。但是挖掘顾客的需求绝不能依靠谎言进行欺诈，必须建立在顾客利益的基础之上。当然，为了减少顾客的警惕心，在挖掘他们的需求时，不能过于心急，需要循序渐进地进行。另外，在挖掘需求的时候要始终秉承一个原则：为顾客着想。这样，你挖掘的越多，顾客成交的也就会越多。

蚕食策略固然可以将自己的利益最大化，但是在实践中也要防止他人对自己的蚕食。为了防止对方侵吞自己的利益，最重要的一点就是坚持自己的选择，控制自己的欲望。唯有这样，对方才抓不到你的把柄，蚕食策略也就找不到发挥的余地。有时候，也可以采用一些小小的技巧，让对方的蚕食策略落空。比如在谈判中，你可以装可怜，告诉对方你已经把价格压到最低了，如果再低，企业就相当于免费给他们打工一样。或者，你也可以把决策权转移到谈判对手联系不到的你的"上级"身上，让对方产生一种你没有决定权的感觉，这样，他们的蚕食策略也会自然落空。

激将策略——利用对方的自尊心和好胜心

虽然理性通常会在人的谈判过程中居于主导地位,但不能排除也无法否认,感性有时候会喧宾夺主,成为谈判者行为的依据。激将作为谈判的策略就是要破坏对方的理性思维,并让他的感性居于主导地位。当然,激将法并非对所有人都管用,也不是说对谁都可以用。通常情况下,激将法主要用来对付两类人:一类是初出茅庐的"新人",一类是自尊心或者好胜心强的"老人"。

一家橡胶厂从国外进口一整套现代化皮鞋生产设备,无奈原料和技术力量都不行,结果这套设备一放就是两年。后来,新上任的厂长决定将这套设备转卖给一家制鞋厂。

开始谈判前,新上任的厂长决定先对这家制鞋厂进行一次全方位的了解。通过各种渠道获取的信息,该厂长了解到,制鞋厂是一家经济实力非常雄厚的厂家,但鞋厂的资金基本上都投入再生产过程,所以拿出100万元购买新设备的难度比较大。另外,鞋厂的厂长是一位"富二代",而且有留学背景,属于年轻气盛型的领导。在对这些信息反复权衡之后,橡胶厂的新厂长决定亲自和对方的厂长谈判,而且使用激将法作为谈判的整体思路。下面便是两位厂长的谈话：

橡胶厂厂长："上午我到贵厂的厂区、车间转了一圈，而且也通过随行的车间主任对贵厂的生产情况做了一番了解。不得不说，你们的管理水平的确与国内的同类厂家很不相同。从国外回来的高才生，管理起企业的确是不一般。对此，我深表佩服。"

制鞋厂厂长："您过奖了，企业的管理还处于摸索阶段。以后有什么地方做得不到位，还劳烦您多多指教。"

橡胶厂厂长："我很少奉承别人，刚才说的也的确是我的感受。短期来看，贵厂应该不会有什么大的问题，但从长远来看，能否经营顺利可就不一定了。"

听到这里，制鞋厂的厂长脸色顿时变了，刚才谦逊的笑容立刻变成了眉头紧锁，似乎对橡胶厂厂长的言论很不屑。停顿了一会儿之后，制鞋厂的厂长接着说道："哦！说说您的看法。"

"贵厂现有的设备至少在三五年内都不会过时，但是，5年之后就不好说了。我们厂现有的那套设备，至少在10年后也不会过时。现在如果把它们转卖给你们，我担心两个问题：第一，我怀疑贵厂是否有购买我们这款设备的实力，毕竟这一台设备就相当于你们现有的这些国产设备3倍的价格；第二，我怀疑贵厂是否有能够操作、维护这款设备的专门人才。"

听完这些，制鞋厂的厂长感觉自己受到了轻视，脸上的表情更为不悦。随后，这位"富二代"厂长用炫耀的口吻向对方介绍了他们厂的经济实力以及技术实力。最后，几乎是没有经过周旋，甚至两位厂长都没有一起坐在谈判桌前，这个转卖的生意就达成了。

因为提前获悉了制鞋厂厂长的性格，所以橡胶厂厂长知道该如何去刺激对方。不过，在刺激之前，他还顺带夸了一下对方厂里的管理。虽然这种夸赞非常大众化，但效果非常好。这会让对方觉得，他接下来的怀疑是秉着公正的立场而说出的，并非是想故意激怒他。由此可见，使用激将法也是有技巧的。除了上述技巧之外，还有一些事项需要在使用激将法的时候注意。

1. 与谈判内容相关

使用激将法时，必须有一个底线，就是不要拿对方的隐私或者生理方面的缺陷作为激怒对方的话题，也可以说不要对对方进行人身攻击。否则，固然可以达到激怒对方的目的，但对你个人的形象也会产生极为恶劣的影响。通常，选择激怒对方的话题，最好和谈判涉及的话题相关，比如"信誉""购买力""决定权"等较为敏感的因素，这些因素更容易激发对方的好胜心，也更容易成功。

2. 要有限度

做任何事情，都要有一个限度，如果突破了这个限度，则好事也会变为坏事。激将虽然是为了激怒对方，但如果超过了一定的限度，就有可能击垮对方。如果真的是这样，就会产生与你初始目标相悖的状况。

3. 重在语言，而非立场

对谈判双方而言，立场是根本。如果用立场来刺激对方，则会让对方觉得你是在挑衅，从而造成更大的对立。要知道，不管采用哪一种激将法，都是通过语言来实现的。为了让激将的效果最佳，语言就需要适合对方，而不是一味地强横无礼。

4. 不能太露骨

激将只有在对方不知情的情况下才能达到激将的目的，如果对方知道你在激将，自然不会上当。特别是遇到经验丰富、心思缜密的谈判对手时，更是要小心。如果你激将对方不成功，则很有可能会被对方激怒。

5. 因人而异

前面我们讲过，对初出茅庐的"新人"和自尊心强的"老人"适合采用激将法。即便如此，他们的性格也各不相同。有些人只需要稍微刺激一下就可以，有些人需要狠狠地刺激才行。所以说，谈判的时候，一定要摸清对方的性格、脾气等个人信息，然后再有针对性地采取激将策略。

第四章

注重方法，让沟通深入人心

耐心是一切聪明才智的基础。

——柏拉图

只有弱者才会逞强，只有强者才会示弱。

——张嘉佳

成功＝艰苦劳动＋正确的方法＋少说空话。

——爱因斯坦

情感补偿，消除对方的不安心理

吴斌和妻子张娜打算利用"十一"长假到欧洲进行一次期待已久的旅行。吴斌的想法是可以在那里租一辆汽车搞一个自驾游，但妻子张娜却坚持要乘坐火车，不开汽车。事实上，他们去年在美国旅行的时候就是自驾游，可没遇到这种分歧，这是为什么呢？原来美国对限速有很多规定，带自动变速器的汽车更多。所有这一切都让张娜觉得在美国开车会更安全，但在意大利开车，她则缺乏安全感。

吴斌告诉妻子，意大利人的驾驶习惯和美国人没有什么区别，但这并未说服妻子。吴斌意识到，妻子的恐惧是非理性的，真正可以说服她的做法就是消除她的恐惧。于是，吴斌对妻子说："我们可以给汽车安装一个GPS导航系统，而且只在白天开车。另外，我们还可以为汽车买一份更高额的保险，重要的是，如果开汽车，我就可以带你到意大利的乡村去逛逛。"

"意大利的乡村，真的吗？"妻子眼前一亮，兴奋地问道。

"当然！"吴斌说道。

"好吧，我们租一辆中型车就可以了，只要能自由地在意大利的乡村穿梭就行。"

第四章 注重方法，让沟通深入人心

所以说，遇到这类分歧，只要认真思考对方心里的真实想法，知道对方真正担心的是什么，就可以有效地说服对方。情感补偿有时候可以是几句表示同情的话，表示抚慰的眼神或者道歉，甚至耐心地听心情烦闷的人把话说完等。情感补偿可以让对方从一种非理性的状态一步步朝更理想的结果靠拢。

有时候，重视对方的感受也是情感补偿的一种方法。重视他人的方法非常多，但是很多谈判者都缺乏技巧或者不够用心，因此不清楚该用什么方法表现对对方的重视。其实，只要对对方的性格足够了解，就会找到他的需求，进而满足他被重视的心理。

一家电视台打算邀请一位明星录制一个节目，但这位明星很自大，而且要求很多，他说飞机只坐一等舱，酒店只住五星级的。事实上，这些钱或许对明星不算多，但对这家电视台而言，可是一笔不小的开销。最后，电视台请了一位内部的谈判高手去说服明星。这位代表电视台的谈判者出发前，从私下里了解到这位明星非常重视其身份地位和曝光度。因此，谈判代表找到这位明星后，先告诉对方，电视台打算安排当地的十多家媒体对明星的行程进行全方位跟踪报道。不过，为了报道的效果，电视台只能安排他坐经济舱。明星考虑了一会儿之后，就爽快地答应了。

很多问题貌似很复杂、很棘手，其实只要换个角度去思考，就会有全新的解决方法。情感补偿有时候对于减少对方的恐惧也有着非常巨大的作用。我们都知道，恐惧会让人麻痹，从而无法清醒地思考。要想与对方建立稳固的关系，很大程度上要通过谈判减少对方的恐惧。要做到这一点，首先你要搞清楚对方恐惧的是什么。即便对方的恐惧看上去很荒谬，但这对他们而言是客观存在的，所以你要从恐惧的原因入手，用情感抚慰他们，直至实现想要达到的效果。

其实，上面吴斌和张娜的故事里面就包含着通过情感补偿来化解对方恐惧的成分。情感补偿就是人们日常生活的一部分，它几乎总能化解人们的各种分歧、矛盾。当人们面临诸如烦闷、愤怒、失望、紧张等情绪的时候，只要从他人那里获得一点鼓励性的语言，精神立马就会变成另外一个样子。其实，这也是情感补偿的作用。可见，情感补偿的作用非常广泛。而在谈判的时候，谁懂得情感补偿，谁就可以占据谈判的优势。

循序渐进地攻克超长谈判

有些谈判，三言两语就可以结束，比如商场里的买卖；有些谈判，三年五年也未必能成功，比如我们国家加入世界贸易组织（WTO）的谈判，前前后后经历了15年。从某种程度上讲，这种超长的谈判也很正常，毕竟任何说服都不可能是一帆风顺的，中间难免会遭遇挫折，需要你为之付出一定的努力。拿"三顾茅庐"这个典故来说，当时刘备、关羽、张飞去了两次都没有见到诸葛亮，结果关羽认为诸葛亮不过是徒有虚名，不敢来见，而张飞更是说只需自己一个人去，如果对方不从，便捆着对方来见。三人中，唯有刘备最有远见也最有耐心，结果第三次拜访如愿见到诸葛亮。现如今，人们也常用"三顾茅庐"来比喻真心诚意，一再邀请、拜访有专长的贤人。贤能的人也好，复杂的事情也罢，都需要一定的耐心才能争取，才能解决。而没有耐心，做人注定一事无成，做事更是会半途而废，谈判也会屡谈屡败。所以，要想获得谈判的成功，要想成为一个优势高手，就必须懂得循序渐进的道理，即必须拥有耐心。

武珍最近打算辞去她在公司人力资源总监的工作，但是丈夫张勇却不同意她这样做。事实上，像很多管理者一样，武珍对大公司特有的官僚主义作风非常反感。想说服妻子放弃辞职，张勇有一大堆的理由，比如福利好、上班时间灵活等，重要的是，如果武珍再工作一年，就有可能会被调到北京总部工作。不过，张勇也清楚，如果他将这些理由一下子全都说给妻子，对方肯定会抱怨张勇不在意她的感受。于是，张勇决定改变策略。

他先是对妻子的感受表示认同，还说自己的公司也存在着非常烦琐的官僚作风。接下来，张勇又说："即便如此，现在的公司依然有更大的优势。除了你现在享受的各项福利之外，将来如果真的被调到总部，那么我们还可以想办法把户口迁到那里，以后孩子可以接受更好的教育。"张勇并没有一次性把这些理由都说完，而是在接下来的近一个月里，隔三岔五地和妻子主动聊她辞职的事情，而且每次都在表示理解妻子感受之后，又说一大堆留在公司的好处。最后，妻子主动放弃了辞职。事实上，还不到半年，武珍就收到了北京总部的入职邀请。后来，他们全家都把工作转移到了北京，而且孩子的户口也顺利地迁到北京。

我们可以说，耐心是这个世界上最容易的事情，也可以说它是最难的事情。说它容易是因为，它只需要你静静地等待即可，不需要付出特别的脑力、体力；说它难是因为，没有几个人在耐心等待的时候，能够心不慌、脑不乱。其实，说服本来就是一件很让人烦恼的事情，你一而再、再而三地对他人进行说服工作，对方肯定会心生厌恶。在这种情况下，对方又凭什么会接受呢？事实上，很多人正是被这种百折不挠说服的。在感情上，因为一方的耐心、坚持，而导致两人终成眷属的例子也很多。或许刚开始，女孩子并不喜欢男生，但男生天天给她送玫瑰、写情书，任谁都招架不住这样的"攻势"。人们常说的"一见钟情"在现实生活中并不多，大部分人的感情都是慢慢培养起来的。

在谈判中，作为被劝说的对象，人的本能反应往往是抗拒，甚至是直接拒绝，因为接受他人强加给自己的观念会让他们产生挫败感或屈辱感。所以，谈判的时候应保持耐心，不到最后一刻，绝对不要放弃。

不等价交换，改变他心中的估值

谈判的时候，有一个细节经常被各方忽略，那就是各方对于价值大小所持的看法不一样。事实上，一旦认识到这一点，并找出那些各方对其价值大小持不同看法的东西，就可以利用它们进行交易。比如，你带着孩子在超市里购物，正好有别人家的孩子从你们身旁经过，手里拿着一个变形金刚，你的孩子非要纠缠着你要。你知道，这样一个变形金刚少说也要四五百元，而且以你对孩子的了解，知道他并不是真的喜欢，只是一时兴起，才嚷嚷着要。为了让孩子放弃买变形金刚，你问他："上次你不是说想买一个新书包吗？妈妈手上没带那么多钱，如果你要买变形金刚，那么这个书包就买不来了。"通常情况下，孩子都会改变注意，选择自己真正想买的那个东西。其实，这就是不等价交易原理在现实中的应用。

在谈判过程中，利用价值不相等的东西进行交易可以让谈判项目中的总体价值增加，双方也会因此而获得更多。利用不等价交换，可以让对方对价格的敏感度降低，双方的信任度会提升，你自己对对方的价值也会相应地增加。无论在事业性谈判还是在生活中都是如此。

有人将不等价交易称为"扩大整体利益"或者"双赢"，但这些冠冕堂皇的词汇都没有揭示这一方法的本质。要想充分发挥"不等价交易"的

第四章 注重方法，让沟通深入人心

魅力，你必须搞清楚对方是怎么想的。同时，你也必须对自己脑子里面的想法非常了解。随后，找出对一方而言价值不大但对另一方却很有价值的东西进行交易。对方脑子里的想法可以和本次交易相关，也可以和本次交易没有关系，但是你可以让他的想法和交易以外的任何事情相关。

方宇是一家互联网公司的创始人，谈到自己的成功，他说过这样一件事情。当时，他正在就第二轮融资的事情与几个投资人见面。其中有一个叫谭峰的人是主要投资人，其他几个投资人都会参考他的意见。不过，在谈判过程中，方宇明显感觉到谭峰很不在状态，对于自己为公司规划的发展蓝图也只是简单看了两眼，并没有做出自己的评价，而是不停地看手机。方宇认为，如果一直这样下去，则很挫伤其他投资人的情绪。他借故走出会议室，找到了谭峰的秘书，想了解一下他的老板最近是否有什么烦心事。

见方宇很严肃而且很着急的样子，秘书也没有隐瞒他什么，就把谭峰母亲马上要从国外回到北京，而且再过两个小时就要下飞机的事情告诉了方宇。但是谭峰除了和方宇见面之外，接下来还有一个非常尊贵的客人要见，估计是没时间亲自接自己的母亲了，所以内心可能是有点亏欠。

获得这一消息后，方宇马上回到了会议室，叫停了与几位投资人的面谈。随后，他在谭峰耳朵面前悄悄地说几句话之后，就离开了。当天晚上，谭峰按照约定的时间去见了那位尊贵的客人，而方宇则开着车，花了将近一个半小时到首都国际机场亲自接谭峰的母亲。后来，方宇的公司顺利地拿到了第二轮融资。

方宇的付出只是占用几个小时去机场接人，而谭峰的付出却是价值几百万的信任，就谈判而言，两人进行了一次非常不等价的交易。重要的是，方宇的付出与谈判本身没有任何关系。很多时候，人们都会觉得不等价交易过于荒谬，而且不现实，但是通过这个例子我们会发现，不等价交易，有时候就是如此神奇。

运用不等价交易的时候，人们需要留心其背后的一个关键驱动力——无形之物。所谓无形之物，就是金钱以外的对对方同样很有价值的东西。

侯丹阳是一家推土机租赁公司的经理，一次她受公司委托到一家建筑公司收取欠款。事实上，这已经是她第三次去了。可能是对方见她身材矮小而且又是个女人，每次总是摆出一副趾高气扬的架势，既不说不还，也不告知究竟什么时候还。不过这一次，侯丹阳是有备而来的。她借助自己一个同学的关系，为对方的孩子弄到了一张蔡依林演唱会的门票，并当着对方的面亲手交到了孩子手里。原来，上次侯丹阳来要钱款的时候，对方的妻子、孩子也都在办公室，而且孩子嚷嚷着说要去听蔡依林的演唱会。而且当时演唱会的门票已经卖完了，没有关系，根本不可能弄到。当建筑公司的那位老板看到孩子拿到门票的那股高兴劲儿，心顿时就化了，不仅给侯丹阳让座，还亲自倒茶。毫无疑问，侯丹阳当天带着一分不少的欠款回到了公司。

不等价交易其实对孩子极其管用，比如你可以用香蕉换取他手中的苹果，也可以用一个喇叭换取他的布娃娃。虽然都属于"物物交换"，但是附加在其中的特殊感情却是无形的。

以退为进，令对方看到自己的"弱势"

过于强势反而会对自己不利，特别是在谈判桌上，有时候双方较量的不是临场的应变力，谁更强势，谁的声音更响亮，而是看谁更讲究策略、更能耐住性子。谈判桌上有两种人最难对付：一种是反应敏捷、伶牙俐齿的强者，一种是反应迟钝、犹豫不决的愚者。真正的愚者恐怕永远也做不到强者的气场，但精明的强者却可以伪装自己，让自己看起来像弱者。

两家分别来自日本和美国的公司进行谈判，从早上9点一开始，整个局面就被美国人牢牢地握在手里，他们还时不时地向日本公司的谈判代表发问。他们通过播放PPT，详细地介绍各种图表、数据，但是日本人一言不发，只是静静地坐在那里听着。两个小时后，美国代表关掉了放映机，心想日本人应该不会有什么反对意见了，便询问日方代表的看法。

一位日方代表面带微笑，略显失望地说了一句："我们还不太明白。"

"不明白？你能说一下是哪一块不明白吗？"

"都不明白。"

美国人压住心中的怒火，问道："能说得具体一点吗，从哪里开始不明白的？"

这时，另一位日本代表说道："就是从你们打开放映机开始播放的时候就不明白。"

美国人顿时傻了眼，问道："那怎么办？"

第三位日方代表说："那就劳烦您再讲一遍吧！"

眼看马上就到吃中午饭的时间了，而且刚才是用了两个多小时才讲完的，如果再讲一遍，不知道要到猴年马月。美方代表就像泄了气的皮球，最后不得不放低要求，和对方达成协议。

美国公司准备得很充分，显然是有备而来的，日方如果和他们正面交锋，则很难占到便宜，所以他们采用以退为进、大智若愚的办法，从侧面进攻对方的心理防线，最后如愿以偿。

19世纪末，一家法国公司准备在哥伦比亚的巴拿马省开一条连通大西洋和太平洋的运河，经过谈判，最后双方达成了协议。工程如期开工，但该项目的法方负责人很快就发现，因为当地地形恶劣，工程进度比预想中的要慢很多。没过多久，公司就因为资金短缺陷入了困境。最后，综合考虑之下，法国公司不得不将巴拿马运河的开凿权以1亿美元的价格卖给了美国政府。美国方面早就对巴拿马运河产生了浓厚的兴趣，此时却故作姿态，拿出一份报告说在尼加拉瓜开凿运河更省钱。报告中提到，如果花费1亿美元购买巴拿马运河的开凿权，还不如在尼加拉瓜开运河。

法国公司对美国政府的这种潜在想法大吃一惊，同时也担心美国政府会退出，就同意削价，将报价降到了4000万美元。

对于这样的价格，美国政府仍然感到不满意，又提交了一套方案，说如果美国政府能同哥伦比亚政府达成协议，就同意开凿，否则还会选择尼加拉瓜。

这样,哥伦比亚政府也坐不住了,最后勉强同意以100万美元的代价长期租给美国一条两岸各宽3公里的运河区,美国每年另付10万美元的租金。

美国政府就这样,用"以退为进"的策略,让法国公司和哥伦比亚政府屈服,以低价攫取了巴拿马运河的开凿和使用权。

以退为进巧示弱就是让对方看到自己的弱势,从而会让他们放松警惕,这样就容易掌握对手的真正意图。这个时候再想用什么方式取胜就是技术问题了。很多情况下,经验丰富的谈判高手的底牌很难被摸清,这时就需要用分析和推断来为对方"把脉"。如果对方有打持久战的意图,则不妨冒险以退出恐吓对方,等打破僵局后再谋出路。

想让对方在关键问题上让步就不要急于表现出来。当然,你可以在较小问题上先让步,不过最好不要草率,以免对方看出你的意图。在谈判过程中,你需要吊对方的胃口,只有那些他们真正努力争取过的东西,才会让他们满意。所以,让步之前,先让对方争取。

能坐在一起谈判就说明需求是双向的,明白了这一道理,就应该利用对手的弱势,在谈判中采取以退为进的策略,弱化自己,隐藏企图。最后,等对方的忍耐到了一定地步,再迅速抓住机会迫使对方就范。

找出对方的驱动力，让谈判更具优势

如果想要在谈判过程中占据上风，就需要对谈判对手有一个全面深入的了解。但很多人却只是把注意力集中在谈判对手的学历、专业知识、性格等方面，而忽视了另外一个比较隐性却很重要的要素——驱动力。

很多人会有疑惑：难道对方的驱动力不就是他所代表的个人或者组织的利益吗？这一点自然没错，但是用利益来指代驱动力，范围未免太大，故而也就失去了它应有的意义。此时，我们不妨换一种方式问自己：他们到底想要什么？

福特汽车负责公司关系的执行副总彼得·佩斯特洛曾经说过这样的话："在进行任何一场谈判之前，你都需要对整个谈判做出认真的评估，确定究竟什么才是对自己最重要的。如果你只是为了买一把锤子，那么只要关心结果就可以了；如果你还要考虑和对方以后的合作，就要考虑怎样才能让双方都满意。如果是在进行后一种谈判，我建议你在得到自己想要的结果的同时，多考虑一下对方的感受。"想要对对方的感受进行深入的了解，就需要对他背后的驱动力有一个全面的认识。唯有这样，你才可以采取最佳的谈判策略，在最短的时间内实现谈判的目的。那么，谈判者的驱动力一般可以分为哪些类型呢？

1. 竞争驱动力

对很多新手而言，竞争驱动是一种比较熟悉的驱动。在这种驱动力的促使下，谈判的一方会尽可能多地了解对方，同时也减少对方对自己的了解。这种驱动很容易催生出"你死我活"的较量，往往对谈判结果不利。不过，如果谈判者在一开始就秉着双赢的原则，这种驱动力就会催生出异常强大的正能量。谈判者在被竞争驱动力影响的时候，一定要保证方向正确，不能被私心或者虚假的现象蒙蔽。

2. 解决驱动力

相对于其他驱动，解决驱动是最理想的一种谈判形式。在这种驱动力的影响下，双方都渴望找到一个实现共同目标的解决方案。另外，在这种驱动力的刺激下，谈判双方一般都会抱有一种乐观的心态，说不定最后还会激发出一些比较有创造性的解决方案。

房屋交易就能够体现解决驱动力的作用。比如买方看中了某处房产，在谈判的过程中，卖方意识到对方的核心问题在于资金。此时，卖方一般都会想办法帮他解决，比如介绍银行贷款的渠道。

在解决驱动力的影响下，一个非常大的便利之处就在于，谈判双方一般都不会设立任何立场，事实上，谈判双方根本就不是竞争对手的关系，而是合作者的关系。那么，这种解决驱动力就真的没有瑕疵吗？肯定不会。事实上，不能排除有些谈判者只是假装为了解决问题，一旦你亮出了底牌，他就会采取一种竞争性的态度。所以，即便谈判是为了解决问题，也不能不对谈判对手毫无隐瞒。

3. 个人驱动力

对有些人而言，谈判并不是为了获胜，也不是为了寻求最佳的解决方案，而是最大化地谋求个人利益，比如按时间收费的律师。这类律师往往不会尽快解决一起官司，因为这不符合他们的个人利益。遇到这类情况，最好的解决办法就是满足对方的个人利益。此时，你可以把自己的解决方案告诉代表谈判对手的律师，如果律师不接受（因为这样会影响他的收入），你就威胁直接与他的客户谈判。毋庸置疑，律师不希望这样的情况发生。但是，如果他意识到自己的客户有可能会接受这样的提议，他就会被迫接受你的提议。

4. 组织驱动力

有些谈判者在谈判的时候，并不是代表自己，而是代表相关的组织。现实中，这类谈判者非常多。既然如此，他们就需要在好的解决方案与向组织交差之间找到一个平衡点。遇到这类谈判者，首先需要明确一个问题："谁是这件事情的真正主宰？是他们的股东，还是法律部门？"弄清楚了这些问题，就可以调整方案，让最终的解决方案避开可能会遇到的各种障碍。有时候，为了达成协议，也可以设法为谈判对手创造一些条件，以便于他们更好地说服组织中的决策者。

5. 态度驱动力

受态度驱动的谈判者一般都比较感性，只要谈判双方互相喜欢、彼此信任，问题就很容易解决。另外，这类谈判者一般都很喜欢面谈，因为这样可以亲自感受对方究竟是一个什么样的人。他们会坚信这样一种信条：只要能够深入地了解对方，就没有解决不了的问题。

我们自然无法忽视信任在谈判过程中的价值，但优势谈判高手们都很清楚，即便双方建立了信任感，也要尽量考虑双方的利益。只有这样，才能达成让双方都满意的结果。更何况，信任本身也有可能人为制造。

第五章

读懂人性，巧妙赢得对方的好感

以忍制己情，以恕制人情。
——陈继儒《小窗幽记》

与其做愚蠢的聪明人，不如做聪明的愚人。
——莎士比亚

你好、谢谢、对不起、再见、拜托、没关系，客套词救了我们多少人的命呢。
——八月长安《最好的我们》

世故不可怕，只要讲人情

无论如何，谈判都是在和人打交道。人们为了各自利益的最大化，难免会变得世故。如果对方的世故不影响谈判的进行，则自然不能算是坏事；如果对方的世故阻碍了自己的利益，则肯定不能说是好事。其实，世故既避免不了，又不像有些人想得那么可憎。关键在于，你如何看待对方的世故，以及用什么方法去化解对方的世故。

很多人想当然地以为，谈判只不过是就事论事、讨价还价而已。这自然不错，但谈判中的人情有时候会比所谓的谈判技巧、专业知识更管用。而人情本身，就是对付世故之人的灵丹妙药。很多谈判者在自身处于优势的时候，很容易犯的一个错误就是不近人情。也正因为如此，他们的立场往往很强硬，不管对方的要求多么微小，他们都坚决不退让一步，好像也希望借此来强化他们的优势。这样做的结果可能是，你达成了自己利益最大化的目标，但也会失去以后再合作的机会。

有些谈判是为了解决短期的纠纷，有些谈判是为了化解长期的矛盾，但不管属于哪一类谈判，输赢都不是双方渴求的最终目标。以商务合作为例，如果这次因为你的世故，让对方没捞到任何便宜，那么下次对方会选择别的合作伙伴。到时候，你损失的可能就不是上次那一点点利益。相

第五章 读懂人性，巧妙赢得对方的好感

反，如果你在世故之余，在人情方面多些慷慨，那么对方也会异常感动，特别是当你处在谈判优势的时候。或许我们可以这样讲：世故是为了短期的利益，人情是为了长期的合作。

有人认为中国是一个人情的社会，这一评价自然中肯，但哪个国家，哪场谈判里面没有人情的要素呢？即便有些谈判场合的确很严肃，有些谈判对象确实很理性，但也只能说明人情比较隐晦罢了，不能说没有人情。

与人生相似，谈判中有成功者，也有失败者，有春风得意者，也有郁郁寡欢者。与其说是他们口才不佳、知识储备不足，不如说是不懂人情世故。人都是有感情的，一场谈判如果只是干巴巴的数据、冷冰冰的面容，那么失败者的损失未必最大，但获胜者的利益肯定也是最小的。相反，一场有人情味的谈判，即便获胜者的利益已经达到了最大值，但失败者的心情反而不会沮丧。

迪巴诺是纽约一家面包公司的负责人，而且该公司信誉良好，生产的面包质量也很好，价格适中。不过，让迪巴诺疑惑的是，与他的公司距离不远的一家大饭店从来没有从他们这里订购过一次面包。为了把自己的产品打进这家饭店，迪巴诺把自己所能想到的各种促销手段都用上了，包括每天给饭店负责采购的经理打电话，而且每周都去拜访一次。有一段时间，迪巴诺甚至在饭店里租了一个房间，住在那里和经理谈生意，但都无济于事。这种状态一直持续了四年左右。不过，迪巴诺并不是那种轻易认输的商人，他决定改变谈判技巧。以前，他总是把兴趣点放在生意的成交方面，这次，他开始对饭店经理本人关注起来。经过私下的调查，他获悉饭店经理是美国一个饭店协会的会长，而且每次协会有什么活动，他必然

前往参加。

得知这一信息后,迪巴诺立刻对该协会做了一次彻底的研究。这一次,当他再去饭店拜访经理的时候,他对自己公司面包的事情只字未提,反而对饭店协会的事情充满了浓厚的兴趣。基于此,饭店经理也改变了以往冷漠的态度,与迪巴诺畅谈了半个多小时。最后,他甚至邀请迪巴诺也加入这个协会。几天后,迪巴诺的面包公司接到了那家大饭店采购部打来的电话,说是让他们送些样品和价格表过去。这让迪巴诺惊喜万分,感觉事情终于有了转机。果不其然,没两天,正式的采购清单就下来了。当迪巴诺亲自上门送货的时候,饭店采购人员都无不惊奇地问道:"真不知道你究竟采用了什么技巧,让我们经理换了一个已经合作十年的面包供应商。"

通过这个故事,我们不难发现,尽管有时候你硬件的各方面条件都不错,但依然无法达到说服对方的目的。而人情作为"软实力"的一种体现,可以非常巧妙地化解对方的敌意。有些人或许会认为,靠人情有点阿谀奉承的嫌疑,但只要人情是合理的,而且可以带来圆满的结果,就没有什么不妥。

在谈判的过程中,我们会遇到各式各样的人,他们的性情、喜好、兴趣点也都各不相同。基于此,谈判的技巧、策略也要因人而异。不过,人情作为一个普遍性的技巧,犹如万能钥匙般管用。那么,为什么人情可以发挥如此大的魔力呢?其实,归根结底,人终究还是有感情的,而讲人情也是大众的心理习惯。在谈判桌上,我们会发现,那些有人情味的人会产生更大的吸引力以及凝聚力。

如果你和谈判对手完全不认识,借助人情迅速地拉近彼此的距离,

第五章 读懂人性，巧妙赢得对方的好感

接下来的谈判就会相当顺利。如果你的谈判对手是某个领域的专家，那么不妨谦卑一点，以请教的口吻与之交谈，对方也会对你抱有好感。

在谈判过程中，有很多方面可以展现你的人情，而且一旦被对方认可，整个谈判的顺畅度都会大大超出你的意料。

小客套，大智慧

客套可以是一种礼节、一种问候，也可以是一个手势、一个微笑等。客套虽然不属于谈判的内容，但它可以表示关心，让他人感受到尊重，进而拉近谈判双方的心理距离，形成共鸣。

俗话说："礼多人不怪。"客套作为人们日常交往的一种文化，也是谈判前的礼节。所以说，客套话多说一点，非但不会招他人厌烦，还有利于双方的沟通。

客套的技巧、应酬的艺术虽然不是谈判的核心，但它们在谈判的过程中所发挥的作用却不容小觑。谈判从某种程度上讲更像是在发展人与人之间的关系，使彼此的关系更加密切。如果你懂得了怎样应酬、如何客套，就很容易获得对方的信任，进而顺利地达成自己的谈判目标。

客套并不庸俗，也不高深，事实上，自然最好。为了让客套不显得尴尬，你需要对人们的一般心理诉求有所了解，知道什么样的言谈举止会让别人听着顺耳、看着顺眼、感觉顺心。

如果从人性的角度分析，你就会发现，几乎每个人都喜欢被关心、赞美以及尊重。所以，当你的谈判对象是一个病人时，你不妨多说两句表示关心的话；如果你的谈判对象是一个妙龄少女，则不妨多说两句赞美的话；如果你的谈判对象是一位老师，则不妨多说两句表示敬仰的话。通常情况下，这样的客套并不需要你发挥多少创造力，也不会让你感觉到心虚，因为你的这些有针对性的客套都是对实情的客观再现。

不管是在商务谈判中，还是娱乐购物或者谈情说爱中，有些人总能够八面玲珑，而有些人总是会四处碰壁。其实，八面玲珑的人并不是智商就高人一等，也不是情商特别出类拔萃，而是能够很好地把握人的个性，并有条不紊地进行沟通。

当然，现实中的人并非都容易相处，而且有些很有个性的谈判者生性孤僻，除了工作上的事情外，他们不喜欢和人交流。那么，遇到这种个性迥异的谈判者，该如何客套呢？

首先，要提前对谈判对手的基本情况做一个大致的了解，当然，这里的了解更多的是生活方面的。要知道，每个人都有自己的兴趣爱好，也都有自己的交际圈子，如果在谈判前了解了这些信息，就可以在客套的时候把这些作为拉近关系的素材。事先准备还有一个好处就是，如果对方的兴趣点正好是你的盲点，你也可以及时"补课"。

其次，善于捕捉对手的心境。谈判中比较忌讳的一点就是该说的时候保持沉默，不该说的时候夸夸其谈，这就属于典型的不考虑对方心境的做法。为了能让说出的话更加得体适宜，你就需要注意观察对方的心理变化。如果感觉不方便说，不能直说，就缓一会儿再说，或者委婉地说。捕捉对手心境的时候，需要对对手的性格有一个大体的了解：他是外向的，还是内向的。如果是外向的，则尽量随意一些；如果是内向的，则尽量委婉一些。

林语堂曾经说过："中国人求人办事就像写八股文，寒暄和客套都是少不了的。如果直截了当地开题，就显得不风雅，如果是生客就会更加冒昧。"客套虽然不属于谈判的核心，但没有客套，整个谈判将会显得异常生硬。事实上，如果你在客套环节表现出色，则不仅能够在最短的时间内拉近与对手的关系，而且可以从对方嘴里获取可能的潜在信息。所以，不要小看谈判中的客套，它有可能就是发挥你智慧的舞台。

第五章 读懂人性，巧妙赢得对方的好感

迎合对方的兴趣是硬道理

研究罗斯福的权威作家伯莱特福曾经对罗斯福有过这样的评价："不论对方是牧童还是骑士，或者纽约的政客，罗斯福都知道该和他说什么话题。"那么，罗斯福究竟如何做到这一点的呢？

很简单，就是不管要见什么人，罗斯福总是会在对方到来的前一个晚上稍晚些睡，翻阅一些对方特别感兴趣的话题。和所有领袖人物一样，罗斯福深知接触对方内心思想的妙方就是和对方谈论他最感兴趣的事情。事实上，成功人士基本上都清楚这一道理。

查尔斯·华尔德是纽约市一家大银行的职员，一次他受命准备一份关于某公司的机密文件。他知道一家大实业公司的董事长掌握了他所急需的这些材料，就去拜见这个人。正当华尔德被引进董事长办公室时，一位青年女子从门外伸进头来，告诉董事长说她今天没有什么可给他的邮票。

原来，这位董事长正在为自己12岁的儿子搜集邮票。

华尔德向他介绍了自己的来意，然后问他一些问题。但是，这位董事长的回答十分含糊不清。很明显，这位董事长对华尔德的来访并不欢迎，也不愿意多说什么。如果就这么枯坐着，结局肯定会很糟糕。就在他一筹莫展的时候，突然想到了董事长的秘书对他说过的话——邮票，12岁的儿子……同时他又想起自己所在银行的外汇兑换部经常收集邮票——世界各地寄来的信上取下来的邮票。于是，他简单地介绍了一下自己，没有过多停留就回去了。

第二天下午，华尔德再次前去拜访这位董事长，并请人传话进去，说他有些邮票要给董事长的儿子。结果，华尔德受到了董事长的热烈欢迎。董事长向华尔德露出善意的微笑，说："我的儿子肯定会喜欢的。"他抚摸着邮票，不断地说："看这张！这可是无价之宝啊！"

接下来，两人花了一个小时谈论邮票，并看了董事长儿子的照片。然后，董事长又用了一个多小时的时间谈了他所知道的一切情况，并把他的下属叫进来询问。他还给几位常有来往的人打了电话——他把所有的事实、数字、报告以及信件全都给了华尔德。后来，当华尔德回忆起这件事的时候，他说自己取得了一个"大丰收"。

古罗马著名的诗人西拉斯早在公元前100年就曾说过："我们对别人产生兴趣的时候，恰好是别人对我们产生兴趣的时候。"所以，优势谈判的一条非常重要的原则就是：真诚地关心他人，讨论对方感兴趣的话题。

很多人在刚开始谈判的时候都不知道该如何入题，其实，谈论双方感兴趣的话题就是一个非常不错的技巧。只要能聊到对方的兴趣，你们之间就会产生共鸣，感情也会更上一层楼。知道了对方兴趣所在，你就可以对他的个性、需求以及生活习惯等更多个人信息有所了解。不要小看这些信息，说不定在谈判的关键时刻能发挥非常大的作用。

纽约电话公司曾对电话中的谈话内容做过详细研究，以了解哪些字在电话中是最常用的，结果发现用得最多的是"我"，在500次电话谈话

第五章 读懂人性，巧妙赢得对方的好感

中，这个词曾被用过3990次。这充分说明了一个道理：人是一个以自我为中心的物种，他们对自己感兴趣的程度远远超乎自己的想象。这既是人性的弱点，又是优势谈判者眼中的优势。谈判的时候，你自然是希望对方对你抱有好感，并答应你的条件，为自己赢得最大的利益。此时，你可以利用人们渴望得到他人关注的心理倾向，聊对方感兴趣的话题，因为这会让他们产生自己是中心的感觉。你谈论一个人的兴趣，实际上就是对这一爱好的肯定，从某种程度上讲，也是对这个人的肯定。既然兴趣如此重要，那么，该通过什么样的方式获取对方的兴趣呢？

有一点是肯定的，那就是在谈判之前先查阅对方的个人资料，尤其是对方感兴趣的话题或者具体的兴趣爱好。不过，通过准备工作来获取对方的兴趣未必会准确，也不一定全面，你还需要在和对方谈判的过程中注意观察对方的言行。

通常情况下，人们在谈到自己感兴趣的事物时，瞳孔会不自觉地张大，语速也会明显加快。如果在谈判的过程中遇到类似情况，就可以断定这是对方的兴趣点。

刘丽是一家首饰店的经理，一天当她值班的时候，发现有位长相俊美的年轻女性在柜台前看了很久，也没有说话。刘丽上前打了声招呼，问道："您好，请问您需要什么样的首饰？"那位女士似乎戒备心挺强，表情冷淡地说道："没什么，就是随便看看。"

不过，作为老资历的人，刘丽感觉这位女士一定是一个准顾客，因为这位女士一直用手在摸自己的上衣，似乎对自己的衣服很喜欢。于是，刘丽就趁机问道："你的这件上衣真漂亮，你的眼光真不错。"

听刘丽这样一夸，那位女士马上把注意力收回到了自己的上衣。刘丽

继续说道:"这衣服的款式不常见,你是在哪里买的,改天我也看看去。"

那位女士以一种高傲的口吻说道:"估计你是买不到了,因为国内根本没有。我是托一个去意大利旅行的朋友买的。"

刘丽又连连夸赞了两句,然后说道:"你这衣服确实不错,如果再配个好看的首饰,就更好了。"

那位女士说:"我也这样认为,但是不知道该选哪件首饰好。"随后,刘丽就抓住了机会,把店里几件比较上档次的首饰拿给对方看。最后,这位女士选了一个最贵的买了。

刚开始,这位女士之所以拒绝刘丽的好意,是因为刘丽还没有抓住对方的兴趣点。从表面上看,对方是在看首饰,但关键她是为了衬自己的衣服。所以,当刘丽夸赞了对方的衣服之后,沟通就顺畅多了。

现实中,很多销售员之所以啰啰唆唆地说了一大堆,但就是卖不出产品,就是因为没有抓住对方的兴趣点。谈判的时候也是如此,如果没有聊到对方的兴趣点,或者协议的条款没有刺激到对方的兴趣点,就有可能给谈判带来诸多变数。

把表现"聪明"的机会留给别人

攀比心理通常带有贬义,但不可否认,这一心理在大部分人身上都多多少少有所体现。特别是在谈判的时候,双方都期望自己表现得比对方要聪明一点。不过,基于这种心理而表现出来的行为未必对谈判结果有利。事实上,真正的谈判高手通常都会表现出大智若愚的样子。

知乎上曾经有一位有过几年跨国商务谈判经验的作者回答过"优势谈判高手的特征"这一问题,其中一点就是"那些能跨国做生意或者出差代表公司谈判的人,很多表面看上去呆呆傻傻,实际非常聪明。很多年过花甲的外国谈判者,说起话来总是手舞足蹈,而且面部表情丰富,常常对各种事物充满好奇,还会表现的一脸天真。但这并不代表他们真的知道的很少,而是教育环境培养出来的性情罢了"。他还举了一个例子,说有个美国谈判代表来中国出差,结果还拖家带口。有一天晚上,这位知乎作者带他们全家去美食一条街溜达,结果一家五口,围在一个炒菜摊儿跟前看胖厨子炒田鸡。他们五个人都一个表情,聚精会神,盯着胖厨子看了好久。旁人都很难相信眼前这位男主人就是代表美国公司的高级谈判代表。

大智若愚并不是真正的愚蠢,而是隐藏自己的实力,规划好自己的策略。有时候,谈判一方的"愚蠢"会让另一方放松警惕,但一到关键时刻，他们就会把自己的才智充分发挥出来，从而让自己实现利益最大化。

不管是社会交往，还是商场交锋，都会有一些自以为很聪明的人。他们从不把别人的意见或建议放在眼里，做事情从来都是我行我素。虽然他们的自我感觉良好，但是人缘很差，在谈判中，更是会屡屡受挫。

布莱德雷是美国著名军事家、统帅，也是最后一位辞世的美国五星上将。与性情暴躁的巴顿将军相比，布莱德雷爱护部下，有儒将之风。另外，他举重若轻，指挥若定，深得艾森豪威尔信赖，也是盟军将领之间的忠实协调者。曾经有一本名叫《布莱德雷：大智若愚的大兵将军》的著作，对这位将军的一生进行了生动的描述。或许，大智若愚正是他辉煌一生的生动写照。

与之相反，美国南北战争期间，有一位名叫高尔顿的将军，虽然很有才干，但毫无城府，总是喜欢自吹自擂，而且令上司颇为难堪。很多同事都称他为"军队内部的战争贩子"。有一次，高尔顿将军在一个营地观摩演习，因为对实际效果不满，便直接向指挥官递交了一份措辞强烈的意见书。虽然他是少将，但根据纪律规定，他无权干涉现场指挥官。结果，他的这一做法激起了很多士兵的非议。第二年，又是在观摩演戏的时候，他犯了同样的错误。虽然他让副官代替自己在意见书上签了名，但是大家都心知肚明，知道又是高尔顿的主意。随后，士兵和指挥官联合起来声讨高尔顿。结果众怒难犯，司令官最后将高尔顿的职务解除了。

高尔顿虽然和布莱德雷属于两种不同的风格，但他与巴顿将军的风格颇为相似。即便如此，两人的声誉也简直是一个天上一个地下。原因就在于，巴顿将军敢夸海口，也肯干实事。而高尔顿将军虽然总是自夸，而且

第五章 读懂人性，巧妙赢得对方的好感

看什么都不顺眼，但他本身并没有做多少实事。

不管是人际交往，还是与对方谈判，都要时刻提醒自己，不能太冒尖儿。比如，别人给你提意见，即便你发自内心地不认可，也不要盛气凌人地当面反驳。最起码，你可以礼节性地表示考虑考虑。

中国有句老话叫作"聪明反被聪明误"。如果一个人处处显得聪明、能干，总是有意无意地强调自己的过人之处，就会招致他人的怨恨、嫉妒。如果发生在谈判桌上，就会让谈判对手感到不快。我们都知道，谈判一方面考验的理智，一方面依托情感。就算你的聪明货真价实，但如果锋芒太露，也无法获得胜利，因为对方会在心里排斥你。那么，具体该怎样做，才能不被聪明误呢？

首先，要学会隐藏自己的锋芒。或许你在某个方面的确很出众，但是如果没有收敛的意识，这个优势很有可能会演变为你的劣势。在适当的时间、地点展露自己的锋芒不仅没错，而且是可取的，但是不分时间、场合地显露自己，只会让他人感觉你无知。特别是在谈判的时候，尤其要学会隐藏锋芒。因为你的锋芒就是你实力的一部分，隐藏起来不仅不容易得罪对方，而且可以暗中观察对方的实力。这样，就相当于你在暗处，对方在明处，就谈判优势而言，对方明显要处于劣势。

其次，要学会尊重不同意见的存在。人们之所以要谈判，是因为有分歧，或者有共同的利益诉求。不管属于哪种情况，意见不一致的情况肯定是会存在的。如果固执地坚守自己的意见，非理性地排斥他人的观点，就会让对方觉得你霸道。这样非但不利于谈判的顺利开展，而且会让双方形成积怨。

谈判的时候，不妨多给对方一些表达自己的机会，自己做一个忠实的听众也不失为上策。我们经常会说"得意忘形"这个成语，其实，谈判者

在谈判过程中话说得多了，就会形成一种自我认识的误区，即感觉自己真的比对方聪明、厉害。在这种意识的主导下，他就会忘乎所以，把自己的目标、策略和盘托出。这样，你就有了抓住对方弱点的机会。

要知道，山外有山，人外有人，这个世界上聪明人很多。如果聪明能给自己带来好的结果，你的聪明就是在为自己做最好的宣传；如果聪明本身带给自己的是恶果，你的聪明就是在为自己挖坟墓。谈判可不像是在学校考试，尽量把自己最好的一面展现出来即可，而是更需要"伪装"聪明。其实，"兵不厌诈"就是这个道理。记住一点：谈判的时候，如果假装愚蠢有利于自己，就把"聪明"留给他人。

"好意回报"心理与亮底牌策略

雷伊·托普松是美国西北大学的心理学家,他曾经分析了26篇与谈判相关的论文,然后得出了这样一个结论:如果能让双方互相坦率地指明条件,就容易使谈判双方达成一致,并形成双赢的局面,而且谈判双方的满意度也可以提高到80%;如果双方均有保留,彼此会存留不满,形成双输的局面,各方面的满意度也会低于20%。这一研究至少告诉了我们这样一个道理:有时候,亮出底牌更有利于你在谈判中说服对手。

有人可能会觉得,即便自己直截了当地指明了条件,但对方仍然可能会隐藏底线。确实存在这种可能性,不过心理学家也发现人与人之间存在着"好意回报性"的心理,就是说,当自己敞开心扉的时候,对方也会敞开心扉。同样的道理,如果你有所隐瞒,则对方觉察到之后也会有所隐瞒,不管这种隐瞒对他是否有利。所以说,有时候不妨自信地告诉对方"这就是我的全部要求,不会再有任何更改了",以此来明示你的底线。如此一来,对方也会照做,而你们之间的沟通就会减少试探,进而顺利进行。

事实证明,率先亮出底牌作为一种说服的策略有着诸多的优点:

第一,如果谈判双方从一开始就露出实底,比较容易感动对方,使对方也采取积极行动，促成和局。

第二，首先做出让步是一种诚意的表示，会让对方在谈判桌上有一种强烈的信任、合作感，容易形成友好的气氛，也易于交谈。

第三，率先做出的大幅度让步会给对方留下坦诚相见的良好印象，有益于提高谈判效率，降低谈判成本。

当然，亮出底牌终究不像其他说服技巧那样具有普遍性，或者说，亮出底牌潜在的风险也会比较大。比如，如果自己先做出让步，就会让对方觉得你有些操之过急，也容易让对方感到还是有利可图，继续讨价还价。特别是强硬而又贪婪的对手，在得到第一次让步后，可能会继续纠缠，争取更大的让步。此时，如果拒绝了对方的要求，则会很容易出现僵局。

另外，由于亮出底牌还可能失掉本来可以争取到的利益，因此不利于在谈判桌上讨价还价。所以，人们在使用这种说服策略时，最好审时度势、趋利避害，不能盲目。

亮底牌策略作为一种非常敏感的策略，在具体运用中除了趋利避害之外，还有一些技巧性的东西需要把握。

就使用范围而言，这种策略最好在自己处于劣势或双方关系较为友好的情况下使用。以商务谈判为例，处于劣势的一方虽然实力较弱，但并不等于任人宰割，可以采用各种手段积极进攻，扭转局面。在采用这种策略时，应当充分表现出自己的坦率，以诚动人，用一开始就做出最大让步的方式感动对方，促使对方也做出积极反应，拿出相应的诚意。如果在双方有过多次合作或者是谈判氛围比较友好，双方就更应以诚相待。遇到这种情况，当一方做了让步后，对方一般不会无动于衷。当然，谈判人员在使用这种策略时，语气要坚定，态度要诚恳，表述也要明确，否则，会让对方猜测你还有隐瞒。

第六章

学会倾听,为谈判奠定情报优势

耳朵是通向心灵的路。

——伏尔泰

我打破沉默的方法就是忘记自己,去倾听他人心底的沉默。

——柴静

如果希望成为一个善于谈话的人,那就先做一个致意倾听的人。

——卡耐基

倾听是最高的恭维

有人认为，谈判纯粹就是言语的较量，事实上，这是一种较为片面的认识。通常情况下，那些知道何为优势谈判的高手同时也是善于倾听的好手。倾听不仅是了解对方的最佳时机，而且可以从对方谈话的细枝末节里面抓取对自己有用的信息，进而掌控整个谈判的走势。

有一次，乔·吉拉德与一位顾客进行了较为顺利的洽谈，下一步就是签约成交了。不过，就在关键时刻，那位顾客突然变卦了。当天晚上，乔·吉拉德按照顾客留下的地址，来到了顾客的家里。顾客看乔·吉拉德如此有诚意，也就开门见山地说："其实我知道你们的汽车的确不错，而且也相信你的为人，但是当我在签约前跟你提到我的儿子准备上大学，你却没有任何反应。要知道，我是深深地以我的儿子为荣的，所以无法接受你的冷淡。"

顾客的一番话深深地提醒了乔·吉拉德：纯粹的口才、质量、服务并不能让顾客感受到自己就是上帝，有时候你一不小心的冷淡会让顾客表现出超乎你想象的苛刻。相反，如果你认真地倾听了对方的讲话，并认同对

第六章 学会倾听，为谈判奠定情报优势

方的心理，那么顾客早晚都会是你的"上帝"。基于这样的认识，乔·吉拉德在以后的推销生涯中，慢慢养成了专心倾听他人讲话的习惯。不管是否和对方有买卖可做，他都给予对方充分的尊重。结果，这样的习惯给他带来了意想不到的结果，而他最终也成为世人瞩目的推销大师。

西方有句谚语：倾听是最高的恭维。英国著名学者约翰·阿代尔也曾经说过："对优势谈判高手而言，倾听和讲话就像一块布的经纬线一样，是相互关联、密不可分的。"生活中经常会遇到这样的事情：朋友向你诉苦、抱怨，结果当对方滔滔不绝地把一肚子话说完之后，即便你没说什么，他们的心情也会平静许多，而对方也会对你抱有感激之情。这就是倾听的魅力。

卡耐基是美国现代成人教育之父，也是美国著名的人际关系学大师，西方现代人际关系教育的奠基人，被誉为是20世纪最伟大的心灵导师和成功学大师。一次，在纽约著名的出版家格利伯举行的宴会上，他遇到了一位著名的植物学家。虽然之前从来没有和植物学家交谈过，但是他从这位植物学家身上感受到了极强的诱惑力。他一直坐在椅子上，静静地听植物学家介绍大麻、大植物学家玻尔本以及室内花草等。对方还告诉他许多关于廉价马铃薯的惊人事实。由于卡耐基自己有一个室内小花园，而且经常会遇到一些问题，因此植物学家非常热情而又耐心地告诉他该如何解决这些问题。

事实上，在这次宴会上，除了卡耐基和植物学家之外，在座的还有十几位客人。不过，卡耐基违背了一般性的礼节，没有注意到其他人，而与这位植物学家谈了好几个小时。到了深夜，当卡耐基向众人告辞的时候，这位植物学家转身面向主人，对卡耐基大加赞扬："卡耐基先生真是一个

最富激励性的人。"然后,他又极力把卡耐基称赞了一番。总之,这位植物学家最后把卡耐基描述为一个"最有魅力的谈话家"。

一个有魅力的谈话家?对于植物学家这样的称赞,卡耐基感觉到莫名其妙,因为他在这次交谈中几乎没有说什么话。那么,植物学家说谎了吗?或者是他有意恭维卡耐基。事实恰恰相反,是卡耐基在恭维植物学家,而且他采用的方法连自己都差一点没觉察到,那就是倾听。卡耐基专注地倾听着,因为他真的感兴趣。当然,植物学家也察觉到了这一点,这显然让他很高兴。所以,认真倾听他人的谈话,也是对他人一种最高的恭维。类似的故事还发生在卡耐基的另一次聚会中。

卡耐基应邀参加一次桥牌聚会,因为对桥牌不太精通,他就坐在一旁观看。恰好,他身边有一位美丽的女士也不太会打桥牌,于是他们便聊了起来。当那位女士知道卡耐基曾经担任过罗维尔·托马斯先生的私人助理,并随同他到欧洲各地旅行,便高兴地说道:"啊!卡耐基先生,你能不能将你所见过的旅游名胜告诉我?"

就这样,他们在沙发上坐下来。那位女士告诉卡耐基说,她同她丈夫最近刚从非洲旅行回来。"非洲",卡耐基充满好奇地说,"那可是一个非常有趣的地方!我总想去非洲看看,但除了曾经在阿尔及利亚待过一天之外,没到过其他任何地方。告诉我,你是否到过野兽出没的国度?是吗?你真是太幸运了!我可真是太羡慕你了!请问,你能告诉我非洲的情形吗?"

最后,他们交谈了大约45分钟。那位女士不再问卡耐基到过什么地方,也不再问他看见过什么东西。其实,那位女士并不是真的想听卡耐基谈她的旅行，她想要的不过是一个真诚的倾听者，她可以借此机会来讲她所到过的地方，以扩大她的自尊感。

这位女士的行为和心理很特殊吗？不，绝大多数人都是这样的。伍德福德在他一本名为《相恋的人》的书中写道："很少有人能拒绝那种带有恭维的认真倾听。"作为一个人际关系方面的大师，卡耐基其实只是比大多数人更进一步罢了。比如，他告诉那位植物学家，他已经得到了极其周到的款待和指导，事实上他也确实感到如此；还告诉他，希望和他一起去田野中漫游，这也是卡耐基的真实希望；还告诉他，自己必须再见到他。正因为这样，这位植物学家才认为卡耐基是一个善于谈话的人。但实际上，他不过是一个善于倾听并鼓励他谈话的人而已。

谈判的时候，不管对方是与自己针锋相对的对手，还是和自己利益息息相关的合作者，这种带有恭维的倾听都可以对谈判结果起到非常好的助推作用。所以，从现在开始，看到对方在谈判桌上滔滔不绝的时候，不要心慌，也不要羡慕，而是让自己真心地投入其中，做一个真正的倾听者。记住，这既是谈判的策略，又是恭维对方千载难逢的机会。当然，恭维不是目的，重要的是通过恭维让自己在谈判过程中处于优势地位。

达成协议前要一直保持倾听

《财富》杂志的一名记者曾经问美国前驻联合国大使比尔·理查德森，怎样才能成为一名出色的谈判专家，比尔说出的第一个要素就是："你必须成为一位出色的聆听者。你必须学会尊重对方的观点。你必须知道对方心里在想什么。"倾听在谈判过程中的重要性由此可见一斑。

那么，倾听为何如此重要呢？一个很重要的原因就是，你可以通过倾听获取对方更多的信息。很多人在谈判前做足了准备，也对谈判对手做了非常详尽的信息搜集，但是一到谈判桌上，获取对方信息的意识就直线下降。事实上，直到双方达成协议前的那一刻，都不应该中断获取对方的信息。

谈判过程的"说"和"听"是不对称的，你说得越多，知道的就会越少，因为你在讲话的时候，更多的会把思维聚焦在自己的思路上，而不是获取谈判对手的信息。相反，如果你听得多一点，自然可以从对方那里获取更多的信息。通常情况下，用耳朵倾听可以让人得到很多意外的收获。

法兰克是一家寿险公司的推销员，一次受邀参加了一个横跨美国各大州的演讲，他在圈内的名气顿时大增。演讲结束后，他就马不停蹄地投入

第六章 学会倾听，为谈判奠定情报优势

自己的本职工作，并不时地向人们讲述自己的演讲经历。

没多久，他在费城遇到了一位牛奶公司的总裁。刚见面，这位总裁就向法兰克打听他巡回演讲的事情。法兰克明白，他的目的是向这位总裁推销保险，而不是给对方讲故事。为了让对方把注意力从自己身上转移开，法兰克说道："当然没问题，我肯定会告诉你的。不过咱们已经好久没有见面了，我非常想知道你的近况如何。怎么样，最近的生意还顺利吧？"随后，这位总裁就滔滔不绝地讲起来自己的生意和家庭。法兰克听得非常投入，而且不时地与对方点头互动。在旁人看来，他们更像是在聊天，而不是谈生意。

"面谈"结束后，法兰克非常真挚地向对方表达了自己的感激之情，因为他听到了一个非常真挚的感人故事。不过，法兰克始终没有谈合作的事情。就在双方即将告别，法兰克看似不经意地问了一句："总裁先生，你刚才说公司管理层的人员流失率比较大，有没有想过是什么问题？"

总裁说："我私下里从几位高管那里了解了一下，很多人抱怨说是公司福利的问题，不过，我不太确定。"

法兰克说："如果你在每个人的身上投入28000美元的寿险，你觉得他们还会抱怨吗？"

总裁说："没错，这的确是一个不错的主意。那么，具体该如何操作呢？"

就这样，在听总裁一通闲聊之后，法兰克简单地顺水推舟，就轻松地获得了一个超级大单。法兰克并没有采取什么高深的策略，也没有什么高超的技巧，纯粹就是"倾听"。如果没有倾听，他就不会知道对方管理层流失这一信息，如果没有这一信息，他就无法顺理成章地谈自己的业务。

最后，他把业务也谈了，而且是以帮助总裁解决公司内部矛盾的借口谈出来的。

谈判就是如此简单，只要你善于倾听，就可以大量地获取对方的信息，并抓住其中最有利的那个，达到自己的目的。

我们常说"言多必失"，所以在谈判过程中要善于运用耳朵，因为这有利于你获得更多的信息，有些甚至是机密信息。倾听的过程一定要有耐心，否则会适得其反。当对方感受到你的耐心的时候，他会更加信任你，也会说得更多。说得多了，"泄漏"的自然也就多了。

很多销售员在推销过程中往往会犯这样一个错误：一上来就介绍产品如何之好，优点如何之多。结果到最后，顾客却拍拍屁股走人了。为什么会出现这样的问题？试想一下：你连对方的需求都没有搞清楚，对方凭什么买你的产品？所以说，优秀的销售员都会先摸清客户的需求，然后再有针对性地介绍。这样往往会起到四两拨千斤之效。销售如此，谈判亦如此。

读懂暗示信息，避免盲目谈判

1972年，美国总统尼克松到苏联进行国事访问，第一站是莫斯科，当时的苏共总书记勃列日涅夫全程陪同。莫斯科之行很快就结束了，尼克松打算到苏联的其他城市看看，勃列日涅夫亲自到机场送行。可是，就在这时却出现了一个意外：即将搭载尼克松前往另一个城市的飞机因为引擎故障，无法正常起飞。结果，尼克松等人不得不把行程往后推。事实上，这完全是苏方安排上的失误，所以勃列日涅夫感到非常尴尬。为了缓解气氛，勃列日涅夫笑着对尼克松说："总统先生，实在是抱歉，耽误了你的行程。你认为我应该怎么处罚那些修理工呢？"

尼克松顺着勃列日涅夫手指的方向，看了一眼远处正在加紧维修飞机引擎的工作人员，然后说道："我不认为你应该处罚他们，事实上相反，你应该奖励他们。如果不是他们及时发现了故障，那么飞机一旦起飞将会造成更为严重的后果。所以，你应该感谢他们。"

如果只是听表面意思，勃列日涅夫会以为尼克松胸襟宽广，不在乎这次行程延误。但是，这是尼克松想传达的意思吗？未必。仔细研究会发现，尼克松的话可谓绵里藏针，表面上说不介意，实际上是在讽刺，而这也是尼克松的真实态度，他对这次意外十分不满，甚至还带有指责的味道。

在与人谈判的时候，有些人出于各方面的考虑，不会当面指出你的问题，而是通过暗示的方式表达。这种暗示有时候通过言语表达，有时候会通过肢体动作表达。不管通过哪种方式表达，仔细倾听都是读懂暗示必不可少的步骤。

1. 从内容来理解

谈判的时候，人们往往不会把自己内心的真实想法直接表露出来，但为了达到一定的目的，也不会完全隐藏。比如一个推销医疗器材的销售员去拜访一家医院的采购部主任，对方说："你们的产品我们先研究一下。"这有可能是变相的拒绝，也有可能是真的打算研究研究。不过，如果对方是这样说："我们先做个研究，当然，研究结果还要看你接下来的表现了。"毫无疑问，这基本上就可以排除了生硬的拒绝，而是一种暗示，比如要一点佣金、劳务费之类的好处。其实，对方也可能还有别的意思，比如他们要做个实地调查，看产品是否如销售员所说的那样好。可见，简单一句"研究研究"可能包含着多层意思，所以除了内容之外，还需要通过其他因素来判断。

2. 从声音来判断

大自然中的风、雨、雷、电都会以一定的声音呈现，而且可以用来判断天气状况，同样，通过谈判对手声音的多样性也可以用来判断对方的真实意图、内心想法。比如，对方平时说话粗声大气，结果突然有一天变得轻言细语，这就说明对方有求于你。此刻，虽然你已经明确了自己处在优势地位，但不能将这种优越性表现得太过于明显。最好是润物无声地压制对方，直到自己的利益最大化为止。当然，你还要考虑到谈判双赢的目的以及合作的持续性，不能做得太离谱。

3. 从表情来观察

行为心理学家的一项研究显示，在面对面的沟通中，人们通过言语、声音、表情和肢体动作传达信息的比例分别为7%、38%、55%。可见，通过观察谈判对手的面部表情，可以获取很多信息，这对我们理解他们的弦外之音至关重要。比如对方说："你们产品的质量可真是不赖啊！"但此时，他的嘴角上扬，眼睛斜视着你，这就说明对方并非是在夸奖，而是一种讽刺。

4. 从肢体语言来分析

相对于舌头，人们的肢体动作更难受到控制，所以人们很多言不由衷的行为都可以通过观察肢体动作来发现。比如，一个你跟了很久的顾客突然被一个竞争对手给挖走了，一天面谈结束后，顾客说："你们的产品很不错，有机会一定合作。"说完，他把你之前带来的试用品也给拿了出来，并让你带走。即便你推辞，但对方的意志也很强硬，这个动作基本上说明，你们以后"一定不会合作"。刚才顾客说的套话，只是鉴于你长期给他介绍产品的礼貌式回应。实际上在他们心里，要么是感觉你的价格比竞争对手高，要么就是你的产品不符合他们的最低要求。

5. 从具体语境来理解

语境是两个人说话非常重要的前提，即便是同一句话，放在不同的语境中，也会产生不同的效果。谈判者的声音、表情、肢体动作都可以被看作语境的要素，综合理解它们，就可以有效判断对方的"弦外之音"。比如对方说："我们刚又建了一个厂房。"这句话的言外之意可能是说他们现在手头紧，也可能是说近两年生意不错，打算扩大规模。如果对方说话时的表情比较兴奋，那弦外之音就是后者；如果对方以一种比较低沉的口吻说，那么弦外之音就是前者。

没有人天生喜欢说暗语，这样做肯定都有理由。比如，有些谈判者为了展现自己的风度，不忍心直面拒绝；有些谈判者小肚鸡肠，就是要说些模棱两可的话吊你的胃口。当然，弦外之音都是有条件的，不是每句话都要咬文嚼字。因此，优势谈判高手都会发现，弦外之音一般会出现在关键、敏感之处。

第六章　学会倾听，为谈判奠定情报优势

在倾听中判断谁是决策者

谈判能否成功的一个非常重要的前提是，你选择的谈判对手是否正确。很多人会纳闷：谈判对手怎么会搞错呢？其实，更严谨的说法是，与你谈判的人是否有决策权，或者说在谈判的人里面，谁才是最后的决策者。如果对方没有决策权，那么，你把精力放在对方身上无异于浪费时间。如果和你谈判的人就是最后的决策者，那么，你在和对方沟通的时候也可以有的放矢。所以说，对方是否有决策权会直接影响谈判策略，进而影响谈判效果。

当然，这里所说的决策权并不是指顶头上司或者幕后老板的决定权，而是那些能够对所谈事务做出"是"或者"否"的决定的人。一旦确定了这个人，你就可以集中精力去说服他。这比盲目地说服一个团队的人要简单容易得多。那么，究竟该如何判断对方是否有决定权呢？事实上，"倾听"就是一个非常好的办法。不过，为了让倾听达到预期的效果，你必须先问一些有目的性的问题。

如果想快速地判断谈判对象是否具有决策权，可以在谈判过程中不经意地问道："他们平常都会听从你的推荐，对吧？"对于这类问题，通常会得到两种答复："是"或者"否"。如果对方回答"是"，很显然，他就是你要找的人，接下来的谈判尽可能地与对方周旋就是。不过，要是对方回答的是"否"，该怎么办？首先，你要辨别，对方说"否"是基于一种诚实的应答，还是在使用一种叫作"欺骗"的谈判策略。为了达到这个目的，你需要不断地追问类似的问题，而对方也会迫于你的追问最后给出一些解决的办法。通常在这样的情况下，对方就会把自己的真实身份暴露出来，事实上，他就是自己口中的那个领导。

张轩是一个20多岁的小伙子，现在在一家百货公司当经理，也是公司重点培养的管理人才。不过，他初来公司面试时，可不会预想到自己会有今天的发展。当时，面试他的是一个30多岁的经理，具体职务张轩也不是很清楚。因为张轩毕业后的工作经历很有限，而且每一个工作干的时间都不超过半年，这便成了他面试时的弱项。因为在来百货公司前，张轩已经有了几次失败的面试经历，所以他这次学聪明了。

面试张轩的那位经理简单地看了一下张轩的简历，并问了几个简单的问题后，便打算结束这轮面试。他对张轩说："非常感谢你来参加我们公司的面试，我会向上级部门通报面试结果，他们会给你是否录用的消息。"

事实上，张轩已经从面试官的表情及口吻里面听出来对方有可能没有说实话，而且也从刚才的交谈中感觉到面试官的职务肯定不低，所以，他决定将一下面试官的"军"。片刻的沉默之后，张轩以一种急切的口吻问道："你会向他们推荐我的，是吧？"

听完这句话，那位经理先是一愣，然后眉毛拧成一团，像是在思考问题。事实上，他并不打算向什么上级通报面试结果，他就是百货公司的总经理，而且也拥有最后的决定权。不过，当张轩问出了这一问题后，面试

第六章　学会倾听，为谈判奠定情报优势

官觉得这个求职者有点与众不同，既不好当面拒绝，又不能对他说谎。所以，沉默了一会儿之后，面试官便说道："好的，我给你一次机会。"随后，这位面试官非常坦率地告诉张轩，所谓的上级部门根本就不存在，他本人就是最后的决策者。

由此可见，当你在谈判过程中不确定对方是否有决策权的时候，你最好通过提问的方式试探一下。就像上文中的张轩一样，如果他听说面试官还要向上级通报后就悻悻地离开，就不会得到这份工作。相反，他大胆地问了对方一个问题，让面试官多思考了一会儿，结果就为自己争取到了工作的机会。所以说，如果在谈判时遇到诸如"我要向领导请示一下""我需要征求法律部门的意见"的问题，就要警惕那是不是对方因推辞而采取的技巧。如果你无法确定这一点，就会在谈判中被对方牵着鼻子走，而谈判结果，毫无疑问，也会对你不利。

事实上，对付那些在谈判开始前就宣称自己有权做任何决定的人会更容易，因为他们已经把自己放在了不利的位置上。一旦这类谈判对手表达了同意的意向，那就说明结果确定无疑了。另外，在谈判过程中还有一个现象需要特别留意，就是那些没有决策权的谈判对手往往会使用模糊的实体作为自己的权威。因为他们很清楚，一旦明确告诉你需要请示哪个级别的上司，你就会要求与他的那位上司直接谈判。显然，只有用模糊的实体才能够保证谈判安全。事实上，这种模糊的实体正是你判断对方是否有决策权的依据。

不管怎么样，倾听都是判断对方是否有决策权必不可少的方法，也是优势谈判的关键。

寻找谈判的切入点，关键是会听要点

我们都知道，写文章要有切入点，与同事闲聊也要有切入点，事实上，优势谈判也需要有切入点。要想让一场谈判取得成功，你首先要想办法让对方愿意和你谈，而切入点就是让对方乐意和你谈判的关键。所以说，开始一场谈判前，首先要寻找切入点。

要想寻找谈判中的切入点，你首先应该有这样一个意识，即谈判从你和对手接触的那一刻就已经开始了。不过，此时的谈判不在核心议题，而是营造适当的氛围，并用自己营造的氛围引导对手谈判。事实上，确实存在着这样的情况：不是对手不愿意和你谈，而是现场的气氛让对手很尴尬，不知从何说起。所以，如果你缺乏分辨和营造氛围的能力，就很容易错失机会。

举一个很简单的例子，你临时拜访一位客户，发现对方正在健身房的跑步机上锻炼，你会认为这是一个适合谈判的氛围吗？当然不是。只要客户没有停止跑步，就不要和对方谈生意上的事。面对这种情况，一般都会有两个选择：放弃这次沟通机会，下次再来；保持与客户状态上的一致，即和客户一起跑步。事实上，采取第一种做法的通常是刚入职场的新人，而优势谈判者通常会采取第二种做法。当你和客户一起跑步的时候，其实

第六章 学会倾听，为谈判奠定情报优势

就已经有了和对方交流的话题，而且是非常自然的话题，一点也不唐突。

除了找准时机、把握氛围之外，谈判者更需要在谈判过程中通过对方的言谈举止来寻找切入点，并进行有针对性的发挥。

1. 关心与对手最亲近的人

每一个人都会时刻关心自己最亲近的人，而且为他们的成就而自豪。一旦谈判对手提到了自己身边的亲人，或者列举了他们的相关事迹之后，你除了要表示认同之外，最好就他的这位亲人再问些表示关心的问题。前面我们讲过乔·吉拉德因为忽视了顾客说自己儿子考上大学的事情，结果顾客觉得乔·吉拉德过于冷淡而放弃了购买他的汽车。这件事给乔·吉拉德上了一课，但愿也能够引起作为读者的你的重视。要知道，没有比谈论对手亲人更好的切入点了，特别是当对手在谈判过程中"泄漏"出来这些信息时，其实就暗含着愿意与你就此进行深入沟通交流的意愿。

2. 与对手成为自己人

谁可以在谈判之初就与对手迅速建立起"同胞"意识，谁就可以迅速地在谈判中建立优势。人虽然理性的本能很强大，但感性的意识也不容小觑。所以，在谈判过程中发现对手提供的个人信息与你的某些情况或者经历相似，你就要快速地提出来，而且表现出惊讶的神情，因为这会让你和对手的关系迅速拉近。事实上，这也是很多人在谈判开始前会询问对方是哪里人、在哪里上的大学等问题的原因之一，毕竟很有可能会遇到老乡、校友之类的。有时候，即便不存在这种硬性的巧合，你也可以拿诸如性格、脾气等相对软性的素质激发对手的"同胞"意识，比如说："张总，我感觉咱俩都属于猫头鹰型性格的人。"

3. 热情提供帮助

谈判的时候，对手有可能是有意、无意地透漏自己在工作、生活过程

中遇到的难处。此时，为了表现自己的大度、真诚，你需要表现出自己的热情，承诺给对方提供帮助。不过，你在做出承诺的时候，不能盲目。你需要听清楚对手的诉求，并掂量自己的能力。要知道，你的这些承诺不完全只是为了配合热情，而是要在接下来付诸行动的。所以，为了既表现出热情，又能够最大化地减少自己的负担，尽量就一些生活上的、周期短的事情予以帮助。

震旦集团董事长陈永泰先生曾经说过："聪明人都是通过别人的力量达到自己的目标。"通过倾听对手的言论，并巧妙地寻找好切入点，并达到自己的谈判目标，不正是这个道理吗。当然，学会从对手身上寻找谈判切入点并非一朝一夕的事情，需要不断地学习、练习。没有天生具备这种能力的优势谈判天才，所有的成就都少不了磨炼。

第七章

气场为王,用感染力促进协商

幽默是一种润肤膏,它使我避免了许多摩擦和痛苦。

——林肯

一个人能否有成就,只看他是否具备自尊心与自信心两个条件。

——苏格拉底

一个人的气场由三部分组成:势,恰当的时机,展现自己的野心或目标;格局,谋篇布局的能力和严谨的计划;人气,感染力、领导力、人脉。

——皮克·菲尔《气场》

自信，以气场服人

小泽征尔是世界著名的交响乐指挥家。他出名之前，曾参加过一次非常有影响力的指挥家大赛。到决赛的时候，他按照评委给出的乐谱指挥演奏。不过，在进行到一半的时候，他敏锐地发现乐谱里面有不和谐的音符。刚开始，他以为是乐队演奏的问题，不过当他让乐队停下来重新演奏的时候，依然有不和谐的声音在里面。他果断地停止了演奏，并告诉评委说乐谱有问题。当时，几乎所有在场的作曲家和评委会的权威人士都坚定地说乐谱不可能有问题。此时，小泽征尔涨红了脸，斩钉截铁地说："不，乐谱是错了。"话音刚落，全体评委都站起来为他鼓掌，祝贺他通过了决赛。原来，乐谱里面的问题只是评委们设计的圈套，而小泽征尔以坚定的自信，为自己赢得了最后的胜利。

虽然只是一场比赛，但自信却成了小泽征尔获胜的关键。事实上，自信对谈判的重要性不亚于任何一场比赛。爱默生曾经说过："自信是成功的第一秘诀，谁相信自己的能力，谁就可以征服世界。如果做一件连自己都担心失败的事情，失败就在所难免。"谈判的时候，那些神采奕奕的谈判者往往会给人一种魅力四射的印象，而且他们身上散发的能量会形成强大的磁场，也会成为谈判取得胜利的推动力。

　　刘洋大学学的是计算机专业，而且是大专学历。后来她看到了国内一家知名的房地产公司正在招聘会计专业的销售人才，便果断地把简历给投进去了。面试的时候，人事经理问道："你的学历是大专，而我们招聘信息上写的最低学历是本科，为什么你还把自己的简历投进来了。"

　　或许是已经预感到面试官有此一问，刘洋始终面带微笑，不紧不慢地说道："没错，我的确看到贵公司招聘信息上对这一职位的最低学历要求，但我觉得凡是机会，都是自己争取的。虽然我的学历不达标，但这充其量只是违规了，又没有违法，为何不试一下。当然，最重要的是，我不认为自己在专业方面比任何其他本科生差。关于这一点，你们可以对我进行相关的考核。"

　　经理看着刘洋一脸自信的样子，竟然不知道该如何拒绝，她继续问道："但你学的是计算机，和我们这个领域完全不沾边，你如何保证可以胜任这份工作？"

　　刘洋依旧以一种坦率的口吻说道："没错，计算机和销售确实是两个完全不同的行业，但计算机行业的学生也会与人打交道，而且销售领域的人才也不可能脱离计算机方面的知识。我自认为是个活泼开朗的人，而且很喜欢与人交谈，沟通能力也不错。现在再加上我的计算机方面的优势，应该更没有问题。"

　　听完刘洋的回答，人事经理也笑了。随后，这位经理用一种半开玩笑半挑衅的口吻问道："我觉得你很自信，想知道你的自信来自何处。"

　　刘洋微笑着说："我的自信就来自于我知道自己能做什么，不能做什么。"

两天后，刘洋接到了该公司的录用通知。后来，这位人事经理告诉刘洋："你的学历在我们的求职者中确实比较一般，但是你面试时的自信完全把我镇住了，我甚至不知道该如何拒绝你。你身上有一股很强大的气场，既然可以搞定面试官，那么搞定顾客更是不在话下了。"

有时候，你的优势未必就是引擎，劣势未必就是累赘，关键看你如何面对自己身上的这些要素。有优势但不谦虚，就会让人反感；存在劣势但不气馁，就会让人感动。

生活中，那些对自己充满自信的人身上往往会有一种非凡的魅力，他们活力四射，总是会给人传递出一种神采奕奕的感觉。当他们把这种自信的风度带到谈判桌上时，就会形成一种无形的但气场强大的优势。鉴于这方面的优势，他们很容易打动他人，也更容易说服对方。

很多人总会因为长相、学历等因素唉声叹气，感觉不如别人。其实，这正是缺乏自信的表现。当一个人陷入不自信的泥潭之后，他就会把负能量传递给他人，从而降低人们对他的好感与期望。而这些又反过来加剧他的不自信感，形成恶性循环。有句话是这样讲的："或许有很多人值得你欣赏，但你首先应该欣赏自己。"事实上，一切自信都是从自我欣赏开始的。当你对自己表示赞赏时，自信就会通过言谈举止体现出来，别人也会为此而对你另眼相看。自信产生的强大推动力会帮你赢得他人的好感、信任。当然，在谈判桌上，自信会为你带来更多的好处，气场便是其中之一。有气场的谈判者就可以把自身的无形优势发挥到最佳，让谈判更加顺畅。

积极正面的语言更有说服力

不管是日常的沟通交流,还是在讲台上演讲,积极正面的语言都会让人振奋,而消极负面的语言则会让人颓废。所以说,人们都喜欢和充满正能量的积极人士相处,不喜欢和消极的人在一起。其实在谈判的时候,语言的积极与否也起着非常大的作用。试想一下:如果说了别人不爱听的话,对方肯定会讨厌你,又怎么会接受你的观点呢?因此,为了增强言语的说服力,就需要多说些他人喜欢听的积极正面的话。

刘洋是一名刚入行的推销员,因为业绩很差,所以最近变得很苦恼。周末和同事吃饭的时候,他感慨道:"或许我压根就不是做销售的料。"

为了安慰刘洋,同事让他把平时见客户的场景模拟一遍,看看问题究竟出在哪里。

刘洋说:"一般我见到客户后,都会这样跟他们打招呼,'刘总,实在抱歉,周末打扰您,还望见谅,您现在有时间吗?'结果,很多情况下,我这句话还没说完,对方就推说:'要不下次吧,我现在很忙。'"

听了刘洋的话,同事低头思索了一会儿,说道:"我知道问题出在什么地方了,其实你在一开始的时候就已经让自己处于被动的局面了。首先，你没必要向客户道歉，因为耽误他的时间，是为了给他带来利益。事实上，应该是客户感谢你给他介绍了那么好的产品，而不是你道歉说耽误了他的时间。如果你道歉了，则说明你对自己的产品不够自信。另外，当你道歉的时候，你无疑会向对方传递一种相对负面的情绪，不利于对方接受你会谈的请求。其实，你完全可以换一种说法，比如：'刘总，能在周末找到您真是太高兴了，给我三分钟应该没问题吧？'"

第二天，刘洋按同事的建议去拜访客户，他发现与顾客的沟通顺利多了。

刘洋最初会遭遇失败，跟他说话的方式有很大关系。面对他的问话，客户肯定会想：明知道会打扰，为什么还要来？至于"你现在有时间吗？"这样的问题，更是会让客户反感。事实上，这样的问话已经给客户的拒绝铺平了道路，因为人们会顺着他的问题回答"没时间"。而同事的建议就很巧妙地规避了这些问题。"见到你很高兴"既表达了自己兴奋的情绪，又可以很自然地拉近与对方的距离。"给我三分钟时间"用得也很巧妙，因为就算再忙，谁会忍心拒绝三分钟的请求呢？

有个教徒在祈祷的时候烟瘾犯了，便问在场的神父："祈祷的时候，可不可以抽烟？"

神父说："这是对神不尊敬，不行。"

此时，坐在他旁边的另一个教徒也想抽烟，不过他是这样问神父的："吸烟的时候，可以不停止祈祷吗？"

神父回答："难得你有这样一份心意，当然可以。"

虽然表达了同样的意思，但因为说的技巧不同，得到的答案也完全不同。所以说，正能量的表达有时候并不是说你的热情到位就够了，它需要一点策略、一点技巧在里面。以下便是我们在谈判的过程中，为了让语言更充满正能量，可以借鉴的技巧。

1. 变"但是"为"正因为如此"

为了强调手写汉字在现代社会的重要性，有的人可能说："虽然现在已经进入了互联网的时代，但是，手写书信依然很有价值。"这句话虽然把意思表达清楚了，但说服力一般。我们换一种说法："现在已经进入了互联网的时代，正因为如此，手写书信才显得弥足珍贵。"如此一说，不仅给予手写书信正面的肯定，而且会让读者产生用手写书信的强烈冲动。

2. 多说"没你不行"

虽然我们都知道少了谁这个地球都会照常转动，但是对某个个体而言，当听到他人说"没有你真不行"的时候，都会异常激动。特别是热恋中的姑娘听到男朋友这般说，肯定会更加兴奋。这句话的价值就在于，它凸显了对方存在的重要性。一般人如果肩负了这样的"使命"，都会乖乖顺从。

3. 避免说容易让人丧失信心的话

在工作不顺心、生活不如意的时候，人们总会习惯性地唉声叹气，或者说些抱怨的话，比如"这肯定不行""我的能力有限"等。如果自己认同了这些话，就会停止思考，放弃努力；接受这些话语的人，也会变得懒惰，不思进取。这些话不仅会产生连带效应，而且会让你在他人眼里变成一种固有的懒散形象。一旦人们有了这种印象，你再想说服他们，就会难上加难。

给谈判对手留下好印象的诀窍

波斯著名作家伊本·穆格法曾经说过这样一句话:"良好的形象是美丽生活的代言人,是进入爱的神圣殿堂的敲门砖,是我们走向更高阶梯的扶手。"形象的重要性由此可见一斑。

形象就像是我们身上的名片一样,别人会从你的形象中获取对你的印象,并根据这个印象决定对你的态度。如果你自己都不注重自己的形象,别人又怎么会尊重你,别人连最起码的尊重都不给你,你又凭什么能在谈判桌上说服对方。所以说,要想打造非凡的影响力,保持一个好的形象非常重要。

那么,对优势谈判的高手而言,什么才是好的形象呢?

1. 仪表

宋庆龄是伟大的爱国主义、民主主义、国际主义和共产主义战士,也是国际社会公认的伟大女性。她不仅拥有高尚的品格,还拥有美好的仪表形象。美国作家艾斯蒂·希恩曾经在自己的作品里面这样描述:"她看起来那么雍容高贵,接触起来又那么朴实无华,堪称稳重端庄。这种形象在欧洲的王公贵族身上也偶尔能够看到,但这显然是特意培养出来的气质,而不像孙夫人那样,属于内在的、特有的。她的气质一点都没有伪装的成分。她的胆略见识很高，遇事总会镇定自若，这种气质又会消除人们因为她的外表而产生的柔弱羞怯印象，让她身上焕发出一种坚毅的英雄主义色彩。"

仪表是一个人最明显的形象，也会给人最直观的印象。如果你给他人的第一印象不好，接下来的谈判就会遇到对方的各种刁难。相反，如果你的仪表堂堂，则即便是和你立场相对的人也会礼让三分。

2. 微笑

心态是成功者的首要标志，而微笑正是他心态最直观的标签。微笑展现了一个人内心的情境，它就像是一个高贵的符号，代表着一个人在面对不同处境时可能达到的最高境界。微笑并不受时间、地点的限制，只要你愿意，随时都可以展示。

《把信送给加西亚》的作者阿尔伯特·哈伯德曾经有过一段关于微笑的非常睿智的忠告："每次出去的时候，你都要收缩下巴，抬高头颅，挺起胸膛深呼吸；在阳光中沐浴，微笑着招呼每一个人，每次握手时都要用力。不要怕被误会，不要浪费时间去想你的仇敌。要在你心中明确你喜欢做什么，然后坚持不懈，勇往直前，集中精力大展宏图。随着时光的流逝，你会发觉你在不知不觉中抓住了机会，实现了自己的愿望。在脑海中想象你希望成为的那个有能力的、诚恳的、有作为的人，这种想象会长期影响着你，每时每刻提醒你，将你改造成为你所希望的那种人……思想的影响是至高无上的。必须保持正确的人生观，要有勇敢、诚实、愉悦的态度。正确的思想本身就有创造力。一切都来源于希望，每一次真诚的祈祷都会有所应验。我们内心希望成为什么，我们就会变成什么。因此，请收缩你的下巴，抬高你的头。我们就是明天的上帝。"

虽然面对自己不喜欢或者与之有分歧的谈判对手，人的表情会不自觉地表现出愤怒，但如果你真正理解了阿尔伯特·哈伯德的话，就可以知道，你愤怒的成本是非常昂贵的，而你微笑的好处也是非常巨大的。

3. 姿势

俗话说："坐有坐姿，站有站姿，走有走姿。"或许你会认为自己随性的姿势只是自由的表现，但在谈判者眼里有可能就是缺乏教养的证据。一旦他们在你的身上得到这样的认识，就会轻视你的意见。这对谈判而言，无疑是一种阻力。所以，为了树立自己的形象，你必须把自己的姿势调整到位了。

（1）站姿

站姿属于静态动作，也是一个人最基本的举止之一，优雅的站姿可以展现一个人的涵养，并给人留下深刻的印象。对于站姿的要求一般是头正、肩平、身躯挺直、两腿并拢，胳膊可以根据谈判时的具体场景做出变化。如果从侧面观察，人的头、肩、上下肢体等应该在一条垂直的线上。

站立时，手可以放在身体两侧，或者右手搭在左手上然后将两手放在身前。脚可以呈"V"字形，但不能呈现"丁"字形。两脚也可以平行分开，但不能超过肩宽。

（2）坐姿

可以提升形象的坐姿应该是：在站立的姿态基础上，后退可以碰到椅子，再轻轻落座，双膝并拢，腿可以放在中间或者两边。谈判的时候，不管是正式的还是非正式的，最好不要跷脚。另外，把双腿叉开过大，或者将双腿直接伸出去等都是不雅观的行为。

适时幽默，打破令人尴尬的僵局

在谈判中总会出现一些意想不到的事，有的让你感到高兴，但更多的会让你陷入尴尬或不安，此时，幽默作为一种谈判技巧就可以派上用场。幽默是交际场合的润滑剂，对谈判而言，也可以起到同样的效果。它能够帮助谈判双方营造良好的氛围，并顺利打破僵局。谈判中，即使没有尴尬事情发生，谈吐幽默的人也是大受欢迎的，因为幽默不仅是智慧的体现，而且可以表明这个人比较乐观。当然，更重要的是，幽默也是一个人个人魅力的展现，能够妥善处理谈判时出现的冲突。

荷伯·科恩是美国著名的谈判大师，而且谈吐非常幽默。一次，他到墨西哥城主持谈判研讨会。不过，当他抵达目的地时，预定的旅馆已经客满。面对这样的怠慢，荷伯当然不愿意接受，不过为了这种事而发脾气或者投诉显然不值得。最后，荷伯决定施展自己的看家本领，与对方经理谈判。他来到经理办公室，先是问是否能给自己挤出一个房间，得到了否定的回答。于是，荷伯又问道："如果墨西哥总统来了，你们会怎么办？你们肯定会为他提供一个房间的，对不对？"

经理回答："当然，先生。"

荷伯一听，笑着说："好吧，他没有来，所以，我就先住他那间。"

经理被他的机智和幽默折服了，最后，荷伯顺利地住进了"墨西哥总统的套房"。但是，有一个附加条件，那就是：如果总统来了，他必须立即让出。当然，谁都知道这种可能性几乎为零。

要在酒店住，首先必须有房间，那么，这个房间怎么才会出现呢？很简单，必须虚拟出一个特殊的状况，比如说总统来了。一旦从经理那里得到了会有房间的肯定答复之后，事情就好办了：既然总统现在没有来，那么先由我荷伯来暂住吧。这样的机智幽默，可谓巧妙至极。面对这么睿智风趣的人，经理怎么忍心拒绝呢？

苏联与挪威曾经就购买挪威鲱鱼进行了长时间的谈判，但苦于挪威人出价太高，谈判一度陷入僵局。虽然苏联的谈判代表与挪威人进行了艰苦的讨价还价，而且谈判代表也换了一个又一个，但挪威人就是不让步。

为了解决这一贸易难题，苏联政府这次派出了柯伦泰为全权贸易代表。柯伦泰是苏联的著名女大使，也是一位杰出的外交家和谈判家。聪明的柯伦泰，面对挪威人报出的高价，针锋相对地还了一个极低的价格，双方进入了一个漫长的、艰苦的讨价还价的阶段。而且由于双方都不愿做出大幅度的让步，因此，谈判再次像以往一样陷入了僵局。挪威人并不在乎僵局，更不害怕僵局，因为不管怎么样，苏联人只要吃鲱鱼，就得找他们买。而柯伦泰是拖不起也让不起，而且还要非成功不可。情急之下，柯伦泰决定使用策略来说服挪威人。

再次坐在谈判桌上的时候，她对挪威代表们说："好吧！我同意你们提出的价格。如果我的政府不同意这个价格，我愿意用自己的工资来支付

第七章 气场为王，用感染力促进协商

差额。但是，这自然要分期付款，可能我要支付一辈子。"

挪威的绅士们从来没有遇到过这样的谈判对手，堂堂绅士能把女士逼到这种地步吗？所以，在忍不住一笑之余，代表一致同意将鲱鱼的价格降到最低标准。而柯伦泰用幽默法完成了她的前任们历尽千辛万苦也未能完成的工作。

幽默既是一种与人交往的手段，又是优势谈判高手化解危机的方法，有时候甚至可以起到峰回路转的作用。我们不可否认，有些说服必须多花点心思，多动点脑筋，而且即便你这样做了，也未必会成功。但是我们也必须相信，有些说服只需要你懂点幽默，就可以轻松实现目标。总之，当我们说服别人答应自己的要求时，不妨先幽默一番。只要对方被你的幽默打动了，笑了，自然就会心悦诚服地接受你的观点，说服就会取得令自己满意的效果。

幽默是一种善意的表达，而且会得到很多善意的回应，但是，有时候人们不经意间的幽默也会给他人造成伤害。这就要求人们在用幽默进行说服时，一定要把握好分寸。大体上讲，人们在用幽默的方式与人互动时，需要在以下几方面多加留意。

1. 留心场合

我们所在的场合大体上可以分为两类：正式场合和非正式场合。在正式场合上，尽量少用幽默，少开玩笑。在非正式场合，可以针对具体的人，结合具体的事情，说些幽默的话。

2. 注意方式

所谓的方式，主要是针对人而言的，因为不同的幽默放在不同的人身上，所起到的效果可能会截然相反。对于那些性格开朗的人，幽默可以适

当夸张一点；而对那些性格内敛的人而言，幽默最好儒雅一点，不要让对方感到尴尬。

3. 掌握分寸

我们常说，凡事都有度，幽默自然如此。如果你不确定自己的幽默是否合适，就最好不要说。

4. 避人忌讳

真正的幽默高手是拿别人的长处来赞美的，而蹩脚的幽默总是拿人家的短处来调侃。在用幽默的时候，我们一定要对他人的忌讳或者当地的风俗有所了解，以免自己在运用幽默的时候陷入失礼的境地。

第七章　气场为王，用感染力促进协商

树立个性标识，增强谈判效果

　　心理学中有个莱斯托夫效应，指的是相对于普通事物，人们记住独特或特殊事物的可能性更大。比如提起中国，人们就会想到长城；说到美国，人们就会联想到自由女神像一样。长城和自由女神像在整个世界都只有一个，而且他们很独特，所以会被人们记住，哪怕只是一个三岁的小孩子也会知道。其实，类似的例子很多，而它们所呈现的规律正是莱斯托夫效应。莱斯托夫效应，很大程度上是和人们的记忆特征有关。人们对于身边很多事情的记忆都是无意识的结果，也就是说，没有使用任何记忆方法，也没有刻意提醒自己是否要记住它。所以说，类似的记忆都带有很强的偶然性。这就可以解释为什么曾经在某个场合见过的两个人，若干年后只记得其中一个。

　　心理学家通过相关的研究发现，莱斯托夫效应在人际交往中体现得尤为明显。很多人为了让自己被他人记住，往往会在言谈上刻意表现，或者在服饰上力求新颖。有些人可能会认为自己没有个性，或者不清楚自己的个性究竟是什么，其实这是一种对自身的误解。事实上，眼睛很漂亮、眉毛很动人、微笑很甜美、说话很自信、谈吐很幽默等都可以作为自身个性的一部分。如果这些你依然认为不足以彰显个性，那么，美国前国务卿马

125

德琳·奥尔布赖特女士的"胸针外交"绝对堪称这方面的典范。

在一般人眼里,外交官多是这种形象:穿衣必西装革履,说话必字斟句酌,行事必周全谨慎。但奥尔布赖特就像是一个异类:身材矮小、体型微胖,外貌一点也不出众;说起话来总是单刀直入,而且咄咄逼人。不过,就是这样一位"不入流"的外交官却可以在20世纪90年代风起云涌的国际舞台上挥洒自如,而她的"胸针外交"更是成为美国外交史上的范本。

奥尔布赖特有一个专门装胸针的首饰盒,每次谈话或谈判之前,她都会从中挑选一枚最适合当日气氛的胸针,既委婉地表达外交意向与态度,又传递着自己的情绪。她的胸针,正如她所言,就是自己的"武器库"。担任国务卿期间,她通常会戴古董鹰胸针;与朝鲜领导人金正日合影时,她戴的是美国国旗胸针;当俄罗斯闹出窃听事件后,她戴着甲虫胸针去见了对方外长;在美国国会就中国问题作证时,她戴的是龙形胸针;在向卢旺达种族灭绝大屠杀中的遇难者致敬时,她戴上了和平鸽胸针……她的每一个胸针都有特别的意思,比如:

蜗牛、螃蟹、乌龟:表达对谈判进度的不耐烦。

蜘蛛:显示自己的耐心和咄咄逼人的气势。

蜻蜓:勇气和力量。

瓢虫、蝴蝶和热气球:心情愉快。

蛇:针锋相对,采取强硬外交政策的表征。

雄鹰:"伟大的美利坚之鹰",显示强权,以势压人。

鸽子:和平。

蜜蜂:谈判可能遇到"钉子"……

有时候,就连硬汉普京都得看这些胸针的脸色。1997年,奥尔布赖特

第七章 气场为王，用感染力促进协商

以国务卿身份出访俄罗斯，当时，两国正因车臣问题闹不愉快。第一次和普京见面，奥尔布赖特戴了一枚猴子胸针。普京凑上去问她的助理猴子胸针代表什么，助理回答："猴子的天性是专横多于民主。"就这样，普京碰了一鼻子灰。

后来两国关系缓和，在太空领域达成了一系列合作，奥尔布赖特戴着一枚太空飞船胸针再次和普京会面，普京看着这枚应景的胸针笑着问："这枚胸针是为了庆祝我们在太空领域的成功合作吧？"奥尔布赖特也笑了笑："说得没错，你有时是猴子，有时又还原成了人。"

其实，奥尔布赖特把胸针作为自己个性的展现最初只是一个巧合。在她是美国驻联合国代表的时候，因为海湾战争，美国与伊拉克萨达姆政权闹得很不快，心直口快的她竟直接批评了萨达姆。她这一骂就像是捅了马蜂窝，伊拉克媒体群起而攻之，骂她是"一条绝无仅有的蛇"。

以奥尔布赖特的脾气，当然不能就这么忍着。不久后，她要会见伊拉克官员，心想：既然你们骂我蛇，那我就戴一条蛇给你们看看啰……她也没想过此举能掀起多大风浪，只为表达一下自己的情绪。谁料，会谈结束后，有记者问她为什么要选择这样一枚胸针，她说道："这不过是我传递信息的方式而已。"顿时，所有摄像机都对准了她的胸针……

奥尔布赖特因为蛇形胸针而"一举成名"，这也让她意识到，一枚小小的胸针其实在外交方面能起到四两拨千斤的作用，也是她身为女性外交官特有的优势。她曾经说过这样一句话："外交政策就是劝说他人做我们要做的事。"为达目的，可使用多种手段，"胸针外交"只不过是其中最简单的一种。

从此以后，奥尔布赖特就开始有意识地佩戴胸针。她拥有200多枚胸

针,在她的"胸针字典"里,每一枚胸针都有特殊的含义。如今,当人们想起这位前国务卿的时候,可能忘记了她曾经的强悍风格,但绝对不会忘记她的胸针。

　　胸针对于奥尔布赖特而言,并不像容貌、身材一样,属于与生俱来的,这种个性是她自己赋予自己的,而且的的确确在与世界各地的领导人谈判的时候发挥了其应有的效果。所以,作为一个优势谈判高手,如果想凸显自己的个性,也可以从服饰、发型,包括首饰等外在因素入手。

第八章

察言观色,捕捉对谈判有用的细节

当面部表情两边不对称的时候,极有可能他们的表情是装出来的。

——《对我说谎试试》

凭直觉感知他人的感受,关键在于理解非言语信息的能力,比如声调、姿势、面部表情等。

——丹尼尔·戈尔曼《情商》

很多人长期生活在虚假之中,这就会把他们的弱点都暴露了出来,他们会逐渐换上一副最驯服的、像蠢驴一样可笑的表情。而有的人却不愿意与习俗同流合污,那么世界就会用它的不满对他怒目相视,因此,一个人必须善于察言观色。

——爱默生《善待命运》

解读肢体动作，直视对方心理

与外貌服饰、语言声音相比，人的肢体动作更为诚实，它可以自然、率真地呈现人的心理反应。不排除有人通过故意制造虚假动作来迷惑对方，但这种行为往往很容易识破。所以在谈判的时候，准确把握对方的肢体行为，对精准剖析他们的心理至关重要。有些肢体行为很微妙，有些则很剧烈，动作轻重程度不一，也正比例地反映了他们心理的变化情况。

1. 手部

现代科学界一般认为，手是除了可以感受三维空间的眼睛以及可以处理复杂信息的大脑之外，另外一个使人具有高等智慧的器官。想想手部动作的灵活性以及我们在说话办事过程中借助手部动作传情达意时的景象，上述观点不言自明。另外，现代科学也证明，手可以感受到来自内心0.0002毫米的振动，所以人的心理变化会迅速地通过手部动作反映出来，这就不奇怪为何很多人都会将顾客的手部动作视为其内心活动的心电图。所以，在谈判的时候，我们可以通过观察对方手部动作的变化，揣摩其心理变化的轨迹。谈判的时候，人的手一般会表现出如下动作。

第八章 察言观色，捕捉对谈判有用的细节

（1）背手

这类人一般对生活充满自信，而且对未来有着美好的憧憬。他们心态成熟，遇事也会冷静处理，给人一种镇定自若的感觉。当然，以上所言只是宏观分析，具体情况可能也会存在差异。比如，当谈判对手双手背于身后，并用一只手抓住另一只胳膊或手腕，则表明他心理紧张，采用这种手势，就是想控制紧张的情绪。

（2）搓手

谈判对手如果做出这方面的举动，一般都是在表达内心的某种期待，根据搓手的快慢大体上可以分为两种情况。快速搓手说明对手对所说的事情跃跃欲试，心中还夹杂着某种急切。而搓手慢说明对方正在思考或者犹豫不决。

（3）十指交叉

谈判的时候，如果对手十指交叉并遮住一半的面部，很有可能是在隐藏自己的感觉。当然，也有可能是一种无声的对抗，意为对你所言不感兴趣。如果对方突然把交叉的十指松开，并配合着身体上倾，说明他想发表自己的观点，或者想离开，但碍于面子，不好意思表达。

（4）触碰鼻子

这个手部动作大致可以分为以下几种情况：用指尖顶着鼻翼，说明他怀疑你说的话；不断重复这一动作，则表示他拒绝；如果堵在鼻子下面，则表示顾客对你所提的事情感到不快。

（5）挽着胳膊

挽胳膊的姿势大概分为以下几种：挺着胸，一只手挽住另一只手靠上的位置，表示对方自我夸耀；如果挽着胳膊靠下的位置，并紧贴身体，则表明顾客不安，正在释放"防卫信号"，并企图搭建一个保护屏障；如果

挽胳膊的同时弓着背，则说明对方局促不安。

2. 头部

在谈判过程中，我们应注意观察对方的头颈部动作，因为这是对方传达对所谈问题是否感兴趣的主要标志。即便是用眼神传达信息的时候，头颈部动作也会做出相应的配合。比如，当你在演示产品或者介绍计划时，如果对方只是用眼睛跟随着你演讲的节奏发生变动，而头颈部动作却没什么跟随动作，就表明对方不感兴趣或者怀疑、抗拒。相反，如果头颈部跟随演讲者的变化而发生一系列的变化动作，就说明对方兴趣浓厚。

（1）点头

点头是一个比较大众化的动作，通常情况下表示同意，不过有时候也会表示观察或者试探。如果遇到对方频繁点头，就需要谨慎对待。和潜意识的行为不同，顾客点头的举动是可以被理智的意识操控的，而且很难直观地判断对方的意图。以频繁点头为例，它至少有两方面的含义：第一，表示"同意"等正面心情；第二，表示"无聊""不关心"等负面情绪。具体如何判断对手点头的意思，需要结合实际情况。

同样是点头，如果对方说"我同意"，就没什么问题了，对方说的是自己心里想的；如果对方说"我理解你的意思"，此时，他可能只是礼貌性地表示不太赞同。

（2）低头

在谈判过程中，遇到对手低头的情况不多，但也不能忽视对方的这种动作。这种动作一般有两方面的意思：思考；防止被看透心思。表示思考的低头动作多发生在谈判的关键期，比如要做出是否购买的决定或者考虑是否可以再做出让步等。表示"怕被看透心思"的低头动作一般发生在讨价还价的阶段，此时正在讨论相关细节，对方不想让你看到他的眼睛而特意回避。想判断对手是哪个意思很简单，一方面可以根据谈判的内容来分析，另一方面可以观察其他肢体动作，比如看他的手是平静地放在那里，还是在不停地抠东西。其他肢体动作很平静，说明对方是在思考；而其他肢体动作"不老实"，则说明对方在回避。

（3）抬头

抬头动作一般是和低头动作相伴发生的，要明确抬头的意思，就必须从一些小动作入手。比如，对方正在抽烟，突然抬头将烟头掐灭，说明对方还不想成交。如果对方是为了防止你看穿他们的心思而低头，就要注意观察对方是在什么条件下抬头的，因为此刻他抬头的动作充分说明了你说的内容刺激或吸引到了对方。遇到这种情况，你就要把自己的敏感度提高，抓住对方的这一兴趣点，把谈判推向成功。

（4）后仰头

不管是在商场里和顾客讨价，还是在办公室里与合作伙伴交锋，都是一件非常考验脑力和体力的事情。特别是在办公室，大家都保持端正的坐姿，谈判时间稍微一长，都会觉得疲倦。此时，有的谈判者为了舒展一下四肢，就会仰头放松一下。不过，越是在这个时候，就越要保持警惕。因为当人的体能处于低谷时，防御性也会降低，所以此时提出交易请求，说不定会有奇效。当然，任何事情都有例外，如果双方谈判的项目涉及面很广，交易额也很大，贸然提出要求就会给对方带来较大的刺激，效果反而不好。

3. 腿、脚

英国心理学家莫里经过研究发现了一个非常有趣的现象：人体中，离大脑越远部位的肢体动作，其透露出的信息越真实、越准确。因为离大脑越近的部位，受到大脑有意识控制会越明显，比如脸部动作，人可以即兴表演出包括喜、怒、哀、乐等多种特征。手处在中间部位，人们或多或少会通过手来撒谎。脚离大脑最远，所以被大脑控制的程度最低。所以，"脚语"有时候更接近人的潜意识，所流露的信息也更客观，更值得信任。作为优势谈判高手，一定不能放过对手的这一"心理窗口"。

（1）脚尖踮起

谈判的时候，如果对方坐在椅子上，上身前倾，脚尖踮起，说明他合作的意愿很强烈。此时，优势谈判高手都会抓住时机，积极磋商，在最短的时间内达成协议。

（2）双腿交叉跷起

当对手把双腿交叉跷起，身体呈挺直的姿势端坐，你应该意识到，对方是在表达一种无声的抗拒。此时，为了促进谈判的顺利进行，你应该放低姿态，并结合一些技巧、手段，把对方的心拉回来。为了做到这一点，你需要在言行方面表现出一定的亲切，比如在正式场合，多喊几声"张总""刘总"等；在非正式场合，多用"大哥""老弟""大姐"等。另外，你也可以通过实际行动拉近关系，比如亲自给顾客泡茶、倒茶等。

（3）双脚交叉

双脚交叉是一种防御性的姿势，优势谈判高手不但要能识别对方的这一心理状况，而且要知道对方所为何事以及如何化解。如果对方是一对夫妇，正在和你洽谈购房合同的事情，你可以通过观察这一动作，判断谁是管事的。一般，当家的才会做出这一动作，或者最先做出这一动作。当对方做出这一动作的时候，或许是对合同的某项条款不满。此时，你就需要不失时机地抓住机会询问，并化解对方的疑虑。

（4）双脚不停抖动或用脚敲打地面

一般来说，谈判者在反复衡量，对是否购买难以做出决定，或者为难

第八章 察言观色，捕捉对谈判有用的细节

以说服他人而感到焦虑时，会用双脚抖动或敲打地面的方式，表现自己的紧张。另外，如果你喋喋不休，而对方很想结束面谈，又不好直接拒绝，他就会通过这种方式表达。对此，最优的解决办法就是尽快提出要求，要么成交，要么下次再谈，总之，不能让对方的不耐烦演变为激化了的矛盾。

解读肢体语言作为谈判的策略之一，越来越受到重视。不过，要从对方的肢体语言中获取正确的信息，除了细微的观察之外，还要善于判断其真实性。另外，肢体语言的解读必须和周边的环境以及谈判过程中前后的语境结合起来，才能获得准确的含义。当然，肢体语言几乎很少是独立或单一的，往往是各个肢体动作相伴发生的。因此，在解读对方的肢体语言时，一定要全面而仔细。

审视面部表情，挖掘对方的真实动机

美国的心理专家爱德瓦斯·海丝曾做过一个有趣的试验：向男女两组被测验的人放映五张幻灯片，对试验者的瞳孔进行拍摄记载，五张幻灯片的内容分别为婴儿、怀有婴儿的妈妈、男性裸体照片、女人裸体照片和风景画。结果显示：瞳孔放得最大的是看异性裸体照的时候，瞳孔扩大20%，并且男女瞳孔扩大的程度没有差别。这就充分说明，通过瞳孔的变化就可以观察出一个人的心理活动。事实上，瞳孔变化只是面部表情的一部分，而且眉毛、嘴唇、微笑等变化也和瞳孔一样，可以反映一个人内心的变化。在谈判桌上，人们往往会因为特定的原因说些假话或者言不由衷的话。此时，他们会尽力掩盖自己的谎言，但同时也会在面部上留下蛛丝马迹。作为优势谈判者，你需要做的就是在对方的脸上发现这些"线索"，并还原为对方的真实心理。

1. 瞳孔

当你想要知道对方对自己的报价持什么样的态度时，你只要观察他的瞳孔变化就可以获取想要的信息。如果对方瞳孔变大，它传递出来的信息就是积极的，说明对方感兴趣；如果对方瞳孔变小，它传递出来的信息就是消极的。事实上，这样的谈判在销售员和顾客交谈的过程中尤为明显：

第八章 察言观色，捕捉对谈判有用的细节

如果顾客的瞳孔放大到平时的3倍，则表明此人正感到兴奋、愉悦；瞳孔缩小说明此时心情郁闷，感到厌烦或疲倦；瞳孔没有明显的变化，则表明顾客对销售员所说的或自己所看的不关心，甚至觉得有点无聊。

张楠是一家企业的销售经理，最近正在和一家大客户就产品销售事宜展开洽谈。对方财大气粗，谈判起来也很强势，并威胁说如果张楠没有按照他们的要求把产品单价再降低5%，就中断谈判，再找别的供应商。

张楠的确被对方这样的威胁给镇住了，而她也明白，现在市场如此激烈，谈下来一个单子本来就不容易，如果合作伙伴转投竞争对手，自己公司的损失更加难以想象。现在的问题是，公司出的价格已经很低了，再降价公司就会没有利润，甚至有损失；如果不降价，则对方或许真的会像说的那样，中断谈判。正当张楠犹豫不决的时候，公司负责销售的一位副总也参与进来了。第二天，当对方再次提出苛刻的要求时，这位副总立刻板着脸站起来怒吼道："降价是不可能了。现在的情况就是，你们签了，咱们合作；你们不签，就拉倒。"说完，他头也不回地摔门而出。

因为事先没有沟通，张楠也不知道副总会有这么一出，本想阻止一下，结果话还没来得及说，副总就已经摔门而出了。正在思量该如何圆场的时候，客户那边就已经服软了：他们同意按照先前商量好的价格合作。

最后，张楠顺利地结束了谈判，而且也为公司拉到了一个可以长期合作的大客户。公司为此还特意组织了一个庆功宴，在饭桌上，张楠端着酒杯走到那位副总面前，恭敬地说："刘总，我真是太佩服你的胆量了。"

"做生意不能没有胆量，但光靠胆量肯定是不行的。"

张楠疑惑地说："如果不是胆量，那你怎么敢在谈判桌上跟对方那样说话？"

副总抿了一口酒,笑着说道:"其实,对方的身体里面藏着我的'眼线',是它告诉我,对方会屈服的,我只是照做罢了。你可能没发现,在向他们介绍我们的业务时,对方听得很专注,眼睛一眨不眨,后来报价的时候,对方的瞳孔明显比方才睁得还大。这说明什么问题,说明对方很感兴趣。他们之所以迟迟不愿意签合同,就是想试探一下我们的底线,看还有没有降价的机会。为了将对方的军,我就拿出耍脾气这个撒手锏了。"

张楠没想到一个小小的瞳孔里面竟有如此大的玄机,但这的确是这场谈判顺利结束的关键。我们常说"姜还是老的辣",而那位副总绝对是优势谈判者中的"老姜"。

2. 眉毛

除了瞳孔之外,眉毛的高低变化也可以反应谈判者的内心波动。比如,当一个人心平气和时,眉毛一般都呈现出水平状态;当他心花怒放时,眉毛会向外扩张;当他有疑问或者不愿意时,眉毛会拧成一团。眉毛的动作变化丰富,"眉语"的含义也很多彩,下面便是几种经常会在谈判者脸上呈现的"眉语"。

(1)扬眉

人们一般会在非常欣喜或者惊讶的时候,才会做出扬眉的动作。具体表现就是两眉向外分开,造成眉间皮肤自然伸展,谈判者需要善于发现对手的这一细节。如果对手的眉毛是一条上扬,一条降低,即所谓的单眉扬起时,则表示对方处于怀疑状态,扬起的眉毛其实就是一个问号。遇到这种情况,你就要问自己是否在某些地方没讲到位,并及时、主动向对方征求意见。

（2）皱眉

皱眉一般分为两种情况：侵略性和防护性。侵略性皱眉的出发点其实是为了防止他人打扰自己的生活，故而在眉毛上采取"先下手为强"的策略。防护性皱眉一般只是人的条件反射，和心情本身没有太大的关系。比如，面对外界攻击或者沙尘扬起、阳光照射等，人们会自然地皱眉。

（3）闪眉

所谓闪眉，就是眉毛先上扬，然后快速下降，整个过程短暂。闪眉是一种友善的表达方式，其间经常伴随着微笑和仰头。在谈判过程中，如果对方有闪眉的动作，则表示他喜欢你或者对你的产品很感兴趣。除此之外，闪眉还有加强语气的作用。比如，对手在说话的时候，为了强调某个词，他的眉毛会自然闪动，并伴随着语调和声音高低的变化。

（4）耸眉

耸眉和闪眉的动作类似，区别在于扬起的时间更长一些。耸眉的人还经常把嘴角迅速而短暂地往下撇，但脸部却没有什么变化。耸眉有时是一种不愉快的表现，有时也是无可奈何的意思。

3. 笑容

谈判双方既有可能是冷若冰霜地交锋，也可能是含情脉脉地交谈。当然，与冰冷的交锋相比，微笑更容易打动对方，也更容易实现双赢的效果。可以说，笑是感染、打动、说服对手非常实用的武器。

笑有多种方式，每一种方式都有一定的内涵，不能一概而论。谈判者脸上的笑往往更丰富，如果看不懂对方的笑，就往往会误判形式，给谈判带来阻力。

（1）含笑

含笑是一种非常轻微的笑，不露齿、不出声，仅面露笑意，意在向对方表达一种友善。这类谈判者性情温和，很有礼貌，即便不喜欢你的提议，也不会过分展现在脸上，更不会做出怒视对方的表情。

（2）微笑

微笑比含笑程度稍深，面部特征为：唇端向上移动，唇部略呈弧形，牙齿不外露。人们常说微笑就像冬日的阳光，会给人带来充满善意的温暖。对手向你展露微笑，就是一个非常好的征兆。这至少可以说明对方是友好的、容易接近的。微笑多发自本能或源于性格，和对方对你的产品是否感兴趣没有必然的联系，所以不能一看到他人的微笑就心花怒放。当然，如果一个平日严肃的谈判者突然向你微笑，就说明成功率很高，要把握好机会。

（3）轻笑

轻笑比微笑程度深，面部特征为：嘴巴微张，上齿显露，不发声。这类笑多见于熟人谈判，表示愉快。

（4）大笑

大笑属于比较夸张的笑，面部轮廓明显：嘴巴呈弧形大张，上齿和下齿都露在外面，口中发出"哈哈"的声音。这种笑多见于心情很愉快、轻松或者恰逢非常开心的时刻。谈判的时候如果遇到对手这样的笑，就要好好把握好机会，因为这是促成你们达成协议的"东风"。

（5）狂笑

狂笑就是毫无顾忌地开怀大笑，面部轮廓和大笑相似，但肢体动作比大笑要明显。虽然这类笑在谈判过程中不多见，但偶尔遇到也不要慌张，因为这样的对手非常感性，只要和对方多拉感情，谈判就不会太难。当然，也有例外，比如有些对谈判对手会通过这种方式表达自己的不屑。

第八章 察言观色，捕捉对谈判有用的细节

（6）苦笑

苦笑也是一种常见的表情，通常表现为一种无奈或痛苦。在谈判过程中，如果你给出的条件让对手为难，他就会露出这种笑容。注意到对手的这一笑容后，你就不能再提苛刻的条件，而是要把重心放在对手身上，站在他们的角度思考你的建议或方案。

（7）皮笑肉不笑

所谓皮笑肉不笑，就是很勉强地似笑非笑，这种笑一般发生在较为严肃的谈判者身上。他们脸上露出这种笑，多表示对你说的话不以为然或者对你承诺的事不信任。遇到这种情况，不要慌，也不要喋喋不休地辩解，而是转变话题，或者拿出一些有分量的证据证明你是对的，进而打消对方的疑惑。

根据外貌服饰猜测对方性情

外貌服饰是谈判对手呈现在我们面前的最直观形象,如何在最短的时间从中解读出最多的信息,事关接下来诸多谈判策略的选择、开展。外貌服饰可供参考的信息很多,上到头顶的发型,下到脚上穿的皮鞋,只要你眼睛够尖,心思够细,就会找到能够通往对手心灵的捷径。

我们常说"人靠衣装马靠鞍",事实上,人的性格、地位、年龄、爱好不同,他的穿衣打扮也会呈现出各自的特色,这也是我们可以通过外貌服饰来猜测对手性情的依据之一。以貌取人固然直观,但在运用的过程中也要灵活变通,必要的时候多在脑子里拐几个弯,否则,会被认为是势利之举。

1. 发型

不同职业、性格、脾气的人,会在发型方面,表现出不同的个性,比如艺术家普遍喜欢留长发,时尚的女性普遍喜欢染发、烫发等。FBI探员在办案的时候会遇到各种各样的人,而且这些人里面有很多都是伪装的高手,不过FBI探员总是能够从各种细节中得到自己想要的信息。比如,在面对一个女人的时候,探员可以从对方的发型判断出其基本性格,然后采用不同的审讯方法侦查案件。鉴于发型的直观体现,所以在谈判桌上,优

第八章 察言观色，捕捉对谈判有用的细节

势谈判高手经常会将发型作为猜测对手性情的工具。

（1）女性发型

如果这个女性长着一头飘逸的过肩长发，则她应该属于清纯可人型的，而且内心淳朴，个性温柔且善良，有着比较好的人缘。如果女性的过肩长发是波浪形的，则说明她们向往自由，希望通过这种波浪式的发型把自己打造成充满魅力的女性。这类女性对事业雄心勃勃，在她们看来，事业的成功是提升魅力的筹码。如果在谈判桌上遇到这类女性，则你最好表现得强势一点；否则，会被对方"蹂躏"。

留长发却不常修饰的女性，素面朝天是她的自然状态。这类女性通常比较有内涵，让人觉得质朴而大方，但也比较守旧，缺乏创新精神。和这类女性谈判的时候，你必须守规矩，按照流程办事。

把长发扎起来的女性，生活往往是极有规律的，为人处世也非常严谨，会给人一种干练豁达的感觉。不过，这类女性有一个缺点就是顽固且不喜欢变通。或许在她们眼里，正确答案只会有一个，而且不管是谁，都很难让他们改变自己的决定。

除了长发以外，也有不少女性喜欢短发，这样看起来精神爽朗，充满朝气。这类女性干练、爽快，做事知轻重缓急，主次分明。在谈判桌上，她们的这种性格格外明显。所以，当和这类女性谈判的时候，你最好简洁明朗一点，不要拖泥带水，吞吞吐吐。

（2）男性发型

与女性一样，男性谈判者的发型也可以透漏出对方的性情。比如，那些头发自然卷的对手，个性比较强，喜欢表现自己，常常给别人带来意想不到的惊喜。头发总是梳理得很齐整光亮的谈判者，有点爱慕虚荣，对事物也比较挑剔，喜欢吹毛求疵，有完美主义倾向。

头发自然随意，没有明显修理痕迹的男性，大多是工作狂，在谈判桌上更是据理力争。

而那些头发浓密、很黑的男性通常很有智慧，做事情有条理，懂得发挥自己的长处。他们有理想，有抱负，喜欢在谈判过程中挑战自我。

留短发的男性做事一般都干脆直接，有的可能会比较骄傲，常会满足于自己的现状；有的则看重自己的感受，喜欢以自我为中心。

喜欢赶时髦，留时尚发型的男性，大多小资情绪比较重，喜欢他人的夸奖和表扬，而且很擅长处理人际关系。和这类人谈判一般不会很难，只要你的个性不抢占对方的风头。

头发稍秃的谈判者，大多做事情很勤奋，责任感强。对待这样的谈判者，除了公事公办之外，还要给对方足够的尊重。

头发粗直、硬度高的谈判者大多很仗义，也光明磊落，不会耍小聪明。不过，你最好不要在对方身上玩猫腻，因为一旦被对方发现，非但做不成朋友，很可能会激起对方的报复。

头发稀少而且发质很细的人属于心机型的谈判者，他们会把自己的利益计算得分毫不差。和这类人谈判，往往需要足够的耐心。

2. 服装

除了发型之外，服装搭配是谈判者性情另外一个比较直观的表现。虽然不能说什么样性情的人就喜欢什么样的服装，但选择服装的过程确实也时刻流露出当事人的希望或意图。比如，有些身材肥胖的女性，性情里面多少有些自卑，她们穿着打扮的一个重要目的就是掩盖自己的身材；一些身高较矮小的人，她们买鞋的时候，可能普遍会选择高跟的或鞋底很厚的，以此达到"增高"的目的。当然，也有很多人虽然身材发福、矮小，但完全不在乎外界对自己的评价，这当然就属于另外一种性情了。

着装是身体的外在展现，也是内心世界的表达，优势谈判高手要读懂对手由服装幻化的身体语言。下面是一些具体的涉及谈判者穿着方面的性情分析。

（1）单一色调服装

这类谈判者为人正直，性格刚强，而且理性思维胜过感性思维。谈判的时候多强调性价比，会更容易和对方达成协议。

（2）朴素风格的服装

这类谈判者性格多沉稳，谈判时比较务实。他们也偏向于客观、理智，但过于朴素的行为方式有时候让他们显得缺乏主见，容易屈服于他人。与这类对手谈判除了强调性价比外，还要注意引导对方，多用数据说话。

（3）深色服装

喜欢深色服装的谈判者性情沉稳，很有城府。他们做事通常深谋远虑，有时候也会有些让人捉摸不定的意外之举。与这类谈判者交谈，说话要注意方式和分寸，并多问对方一些开放性的问题，一方面拉近关系，另一方面也从对方的嘴里套出对谈判有利的信息。

（4）款式新颖的服装

喜欢穿五颜六色的衣服，而且样式古怪、繁杂，这类谈判者的特性就是爱表现自己，有时候会表现出飞扬跋扈般的任性。面对这类对手，不管你是否喜欢，最好多对他们的服装表示赞赏，以拉近关系。等关系到位了，接下来的谈判就会水到渠成。

（5）喜欢穿同一款式的服装

这类谈判者的性情多直率，自信心极强。他们行事果断，爱憎分明，但也容易给人造成一种孤高自傲的印象。比如曾经万众瞩目的"乔帮主"，每次召开苹果的新品发布会，都会穿着自己标志性的灰色毛衣。这类对手一般会比较强势，谈判时最好多顺从对方的意志。当然，这种顺从必须坚持自己的底线，否则，对方就会疯狂反扑。

倾听语言声音，判断对方的性格类型

通过声音也可以判断一个人的性格吗？答案是肯定的。事实上，我们可以从两个比较极端的例子入手：语速快、音量高的人性子一般都会比较急，而且相对外向；语速慢、音量低的人性格相对沉稳，也相对内向。声音可以从大小、语速、音色等角度分割，从而方便人们对一个人的性格进行更细微的解读。声音是人感知、了解外物最常用的判断依据之一，优势谈判高手需要具备听声辨人的技巧。

1. 通过声音大小辨别

（1）说话声大型

这类谈判对手的支配欲一般很强，有时候为了达到自己的目的不惜采取强硬的措施让别人同意自己的观点。如果有人违反了他的原则，他就会变得很有攻击性。在与这类对手谈判的过程中，不要太逞强，但千万不能示弱。不管是说话，还是做决定，都最好利索一点，不能让对方感觉你模棱两可。

（2）说话声小型

声音小一般有两种可能：性格偏内向，身体虚弱。不管属于哪一种，他们都喜欢简短地交谈，不喜欢长篇大论。在与这类对手谈判的时候，要尽快确定他们的需求，并果断采取行动。

2. 通过语速、语气辨别

（1）说话既快又多型

这类谈判对手的自我表现意识很强，不过警惕心也很高，即便说得很多，也很少暴露自己的真实想法。与这类对手谈判，要学会给对方戴"高帽子"，多奉承并赞同他们的观点。等到你们的关系趋于稳定，然后趁机提出你的诉求，往往会比较高效。

（2）语速慢型

这类谈判对手做事认真，但经常我行我素，显得比较孤僻。与这类对手谈判的时候，最好保持和他们差不多的语速，避免出现连珠炮式的提问。这类对手身上有一个非常明显的优势就是待人真诚，当然，前提是你说话、做事也靠谱。所以，最好不要在这类人面前耍花招。

（3）说话亲切型

这类谈判对手一般很有素养，能力、包容性都很强，但进攻性往往也很强。谈判的时候，不要被他们的声音欺骗，有时候，你的一个小小的失误都会被他们"看扁"，从而失去了公平谈判的机会。

（4）句句不离"我"型

这类谈判对手是明显以自我为中心的那一类人，他们的表现欲望甚至比那些说话既快又多型的人还要强烈，而且也更直接。有时候，为了达到抬高自己的目的，他们也会说些水分很高的话。在与这类对手谈判的时候，没必要恭维对方，但也不用太迁就对方，保持好自己的独立就行。当然，因为这类对手的可信度本身就不太高，所以行事方面还需谨慎。

3. 通过音色辨别

（1）高亢尖锐型

这类谈判对手往往爱憎分明，情绪变化也会直观地体现在脸上。如果

第八章 察言观色，捕捉对谈判有用的细节

对方是男性，则行动力很强，但容易冲动，也很容易疲倦。如果对方是女性，则往往会为了一点小事而大动肝火，举止行为会很轻率。

（2）温和沉稳型

这种类型的男性为人忠厚，但内心也会比较固执。他们会用温和的方式表达自己的观点，不希望别人随意歪曲、误解他们的意思。这种类型的女性大多思想保守，做事也很谨慎。她们经常善解人意，有时候为了他人利益不惜牺牲自己的利益。总体而言，这类对手都比较实在，谈判的时候最好多用些感情。

（3）沙哑型

这种类型的对手外表斯文，但内心很倔强。他们的固执一般都只是内心的真实想法和情感，表现出来后会让人觉得很傲慢。这类对手通常都会保持一种特立独行的处世态度，内心也往往会有点贵族的情结。与这类对手谈判，最好多用一些有说服力的数据。当然，如果是一些无关紧要的谈判，中间发生波折，最好果断放弃。

（4）浑厚有力型

这种声音听起来就像是从腹腔里面发出来的，给人一种很大气的感觉。事实上，这类谈判对手乐于助人，遇事也不太斤斤计较。他们的公共形象一般不错，也比较顾家，所以在谈判的过程中顺带夸一下他的家人，对方会非常高兴，谈判氛围也会更好。

（5）甜腻型

这类谈判对手多为女性，她们外表活泼，很有亲和力，一般不会喜怒形于色。当然，如果她们非常想实现的目标没有达成时，就会过度表现自己，引起他人反感。与这类对手谈判时，可以多夸她们，但这不意味着她们只吃软不吃硬，必要的时候还是要软硬兼施。

留意对方视线，识破对方的细微心思

谈判的时候，双方肯定都是面对面地坐着或者站着，此时不可避免地会发生视线的交流。我们很少看到那种双方没有任何眼神交流的谈判，即便是美国总统大选电视辩论现场，当前国务卿希拉里和地产大亨特朗普因为此前的矛盾连握手的基本礼仪都不屑于遵守时，他们也会在反驳对方的时候盯着对方的眼睛。当然，谈判的时候一直盯着对方的眼睛，也是一种不正常的现象。

通常情况下，西方人会在与对方说话时盯着对方的眼睛，这既是一种习惯，又是他们性情里面流露出来的文化。对相对传统内敛的中国人而言，说话的时候时而双眼对望，时而把视线转向别处。有些特别害羞的人，甚至会在和别人交谈的时候把头低下。另外，还有一个非常有趣的现象，就是当我们面前坐的是一个面容姣好的陌生美女时，我们说起话来也会不自觉地害羞，从而不敢直视对方的眼睛。这些都充分说明了一个道理：视线的交流很大程度上反映了一个人的内心。即便是久经沙场的老将，在谈判桌上的时候，也会通过自己的视线暴露自己的微妙心理。所以，要想成为优势谈判高手，就需要在谈判桌上通过观察对手的视线，来把握对手的心理。

第八章 察言观色，捕捉对谈判有用的细节

张勇是公司的副总，同时也是公司的首席谈判代表。此刻，他正在就一项业务与合作对手交锋。双方的谈判已经到了收官阶段，却在交货的时间点上无法达成一致。张勇盯着对方的眼睛，然后说道："鉴于我们公司目前的生产状况，如果你们无法在7月底交货，就会额外增加我们的运营成本。"对方把视线移开，似乎是在思索如何应答。没过一会儿，对方抬头看了张勇一眼，然后又把视线转移开，并说道："张先生，我非常理解你们，但是在7月底前交货，对于我们真的是有点困难。"说完后，对方的视线由下而上并与张勇的视线交汇，继续说道："如果贵公司能够宽限半个月，那么，我们保证可以按时交货，怎么样？"

基于对谈判对手的了解以及对方刚才异常的视线转移，他感觉对方是在故意拖延交货日期，背后可能还有其他盘算。为了保证后续合作的顺利进行，张勇感觉有必要尽快结束谈判。只见张勇直视着谈判对手，做了最后的陈述："我知道让你们在7月底前交货有点困难，但如果到时候你们无法交货，我们就要停产。你们可以对比一下看谁的压力、损失更大。如果你们坚持认为这个时间点前交货不合适，那么，我们也不得不重新再找供货商了。"

听完张勇的话，对方低下了头，一会儿又把视线移向张勇，咬着牙说道："好吧，我们7月底前保证交货。"

其实，在见对方几次视线躲闪、交汇之后，张勇已经识破了对手的微妙心理：想拖延交货日期，但又不想失去这笔交易。事实上，张勇非常确定，失去这笔交易对对手也是非常大的损失。所以，他在最后一刻采取了强硬的态度促使了协议的达成。

在谈判过程中，经常会发生诸如直视对方眼神、躲避对方眼神的情

况，下面便是几种常见的视线，可以用来在谈判桌上把握对手心理。

1. 直视对方视线

有些谈判对手在说话的时候会直视你的眼睛，即便他们的表情并不严厉，也会让你有一种敬畏之感。事实上，这种谈判对手往往很有自信，甚至有些恣意妄为。当然，也不排除有些人是想给他人留下自信的印象，但实际上他们并没有表面看起来那样自信。两个人如果总是直视对方，很快就会让谈话陷入一种尴尬的境地，所以大多数人在视线接触后不久就会转移视线。

2. 躲避对方视线

在与他人谈话的时候，如果把视线完全避开，则一方面可能是源于害羞，但更大的可能是这个人心理有"鬼"。特别是在谈判桌上，很多人在思考应对之策的时候，往往会把视线转移开，以避免对方从自己的眼神里挖掘到某些信息。如果对方的视线是在避开和迎合之间来回切换，就说明这个人的内心比较挣扎，往往说明对方处于做出选择的关键时刻。

3. 咄咄逼人的视线

有些谈判对手在直视对方的时候，表情会非常严厉，给人一种咄咄逼人的感觉。这类人要么自卑，要么就是脾气差，对情绪的控制力不强。当然，他们通常无法意识到这一点，总感觉这种赤裸裸的直视可以达到威逼对方的目的。如果他们遇到的谈判对手性格与之相反，则这种策略或许会奏效；但是如果遇到的谈判对手和他一样，就有点火星撞地球的味道了。

另外，如果是平时很和蔼的人做出了咄咄逼人的视线，就要特别注意了：他们是真的生气了。此时，为了防止谈判破裂，你就应该适当地迎合一下对方的需求。

第九章

善于提问,把握谈判的总体走向

提出一个问题往往比解决一个问题更重要。

——爱因斯坦

提出正确的问题,往往等于解决了问题的大半。

——沃纳·卡尔·海森堡

要通过提问,而不是回答,来了解一个人。要有耐心,总有一天你会真正了解她。

——杰瑞·史宾尼利《星星女孩》

投石问路，摸清对方底细

在《沃顿商学院最受欢迎的谈判课》一书中，世界顶级谈判大师斯图尔特·戴蒙德提到过自己经常会用"一切都好吗"作为开场白。而且他强调，这一看似普通的问题里面其实至少包含了四种谈判技巧：这一问题有助于和对方建立良好的人际关系——你在一开始就表现得亲切健谈；作为一个问句，这一提问可以搜集到对方的更多信息；这个问题首先关注的是对方以及他们的情绪与感受，而非谈判本身；这个问题属于随意的闲聊，有助于为双方营造轻松舒适的氛围。

优势谈判高手就是这样一类人：他们会用一些简单的问题作为试金石，或建立关系，或挖掘对方的情绪、状态等个人信息。这个问题是否会对谈判产生影响，关键看对方会做出什么样的回答。如果对方告诉你，刚和家人从国外旅游回来，则毫无疑问，他的心情很不错。如果对方告诉你最近没什么事，要么是真的没发生什么事情，要么就是发生了不太好的事情而不方便透露。此时，你们的谈话有可能就已经蒙上了阴影。这些信息有时候会奠定整个谈判的基调，左右着谈判的氛围，甚至影响谈判的进程。

投石问路就是谈判者在谈判过程中借助提问来了解对方的意图、底

第九章 善于提问，把握谈判的总体走向

线以及其他机密等。采用这种策略，要求谈判者必须是一个有心人，可以从对方的回答中发现共同利益或者分歧的核心。投石问路是一种常见的策略，作为提问方，你可以从对方那里获得自己想要的信息。即便有些信息很浅，或者很少，但你可以根据已有的信息进行理性猜测，并做出判断。

谈判中提的每一个问题都像是探路的石子，通过这些石子，你可以知道对方的信息，并促成有利于自身利益最大化的交易。

李倩在一家商场里做销售员，主营电风扇。一天，她看到一位四五十岁的男子路过电风扇专柜的时候，脚步突然慢了下来。李倩赶紧走上前答话："大叔，这段时间天气真是越来越热了，你也是来看电风扇的吧？"见李倩这么殷勤，那位男子也不好意思不理，就回答说："是啊！"

"你是想要落地式的呢，还是喜欢台式的？"李倩紧接着就问。

那位男子想了一会儿之后，说："放在客厅的话，台式的应该更好一些吧？"

李倩点点头说："没错，很多顾客买台式电风扇都是放在客厅的。而且我们的电风扇外形美观，也可以当作房间里的装饰，与其他家具摆在一起，相得益彰，多好啊！"

说到这里，李倩看顾客的眉头有点皱，就问道："大叔，你是有什么问题吗？"

那位男子看了李倩一眼，然后说道："跟你实话实说吧，今天来商场我是想给自己买双皮鞋的，电风扇家里确实也需要，不过儿子说周末回来看我的时候会顺便捎一个回来，所以……"

听到这里，李倩明白了对方的意思，便说道："大叔，你的儿子真孝顺，你缺什么，他就给你买什么。不过话又说回来，今天才周二，而且这两天的天又这么热，干吗要再煎熬几天呢？电风扇又没有什么技术含量，拿回家安装好就可以直接用。如果你不会安，也没关系，我们这里会安排人送货上门，并亲自给你安装好，试了没问题才会离开。所以，一会儿你要是看上了哪个类型的，直接付完款，告诉我们你的家庭住址，然后说什么时候给你送到家，就可以了，也不耽误你买皮鞋。你觉得怎么样，大叔？"

就这样，这位顾客在李倩的专柜面前停了不到20分钟，就买了一款价值300元的落地电风扇。这笔买卖之所以能够成交，很大程度上是因为李倩善于通过问题引导，而且从顾客的回答中抓住了对方的需求点及矛盾点。获取了这些信息之后，李倩又及时帮助对方化解问题，最终顺利成交。

在谈判的时候，既要有勇于开拓的精神，又需要稳扎稳打的干劲。如果知道谈判对手的信息较多，前者就更合适；如果知道对方的信息较少，则后者更合适。稳扎稳打并非静观其变，而是通过提问的方式来摸对方的底。特别是在谈判初期，双方都会围绕对方的底细通过提问的方式施展各自的试探技巧。如果你不知道该如何提出问题，则下面几点提示或许会对你有所帮助。

1. 获利侦查

先主动问一些带有挑衅性的问题刺激对方，然后根据对方的反应判断虚实。也可以在谈判过程中提一些苛刻的要求，以探查对方的真实心理。这种方法一般用于不知道对方的实际意图，又不好随便应付的情况。

第九章 善于提问,把握谈判的总体走向

2. 因势利导

投石问路在很多情况下都是双向的,也就是说不仅你在试探对方,而且对方会通过提问的方式试探你。此时,不妨针对对方想知道更多情况的心理,有意识地对其进行引导。最后,再通过提出反建议,将对方扔出来的石子还给对方。

3. 迂回询问

如果你是谈判的东道主,就可以充分利用自己的主场优势,比如邀请对方访问当地的名胜古迹,领略风土人情,帮助对方预定返程的车票等。这样做至少有两方面的好处:一来,你可以通过细致的安排,从而多提出一些问题,自然也就会知道得更多;二来,对方会因为你的热情不好意思拒绝你,你便可以趁机问一些敏感的问题。这种提问的方式虽然不直接,但往往会非常有效。

4. 具体到点

谈判的时候,有些问题会因为太笼统而让对方不知道从哪里回答。遇到这种情况,应该想办法把问题简化或者分解,也就是说把问题具体到点,让对方可以用简单的"是""否""对""错"等回答。

5. 全面撒网

有时候,你并不知道对方的"隐情"在什么地方,便可以通过大面积撒网的方式,问一连串的提问。如果对方回答得很流畅,就说明这不是他的"隐情";如果对方吞吞吐吐、欲言又止,就说明这是他的"隐情"。一旦挖掘到对方的隐情,你就可以有针对性地深入下去。

6. 试错印证

所谓试错,就是通过故意犯一些错误,比如用错词、念错字、报错价等方式,诱导对方表态。

不管采用哪种方式投石问路，首先你要把握自己提问的方式和态度。有些问题需要心平气和地问，有些问题需要你义正词严地问，有些问题需要你半开玩笑地问。投石问路只是一种方式，摸清对方的底细才是关键，所以，哪一种方式有利于实现这个目的，就采用哪一种方式。

第九章 善于提问，把握谈判的总体走向

声情并茂更易打动人

同样一个问题，如果用不同的方式提出来会有不同的反响。比如，你板着脸，就像一个严肃的老师向学生提问一样，那么就会激发对方的逆反情绪，甚至对方完全不把你的问题放在心上。相反，如果你以一种热情的口吻，声情并茂地向对方提问，对方不仅会认真回答你的问题，而且说不定会提供超出你预期的信息。提问是为了从对方那里获取信息，如果达不到这个目的，就要反思提问的方式是否得体。事实已经充分地证明：与那些面无表情的提问相比，声情并茂地提问更能打动对方，获取自己想要的信息。

在谈判过程中，人们提问时总是会出现各种各样的问题，比如，有些人因为紧张而声音发颤、语不成句；有些人为了遮掩而吞吞吐吐、话不连贯；有些人因为能力或者经验不足等原因，问的问题词不达意，让听者一头雾水。而在一些谈话类节目中，我们会看到主持人在与嘉宾互动问问题时，脸上总是会露出深情款款的表情，就好像他们事先排练好的一样。其实，恰如其分地提问就应该像主持人一样，表现出与语境相配的表情、动作、声音。这样的提问才会声情并茂，才会有吸引力，也才能从对方那里获得满意的答案。

谈判时的提问，不仅仅是把问题讲清楚就可以了，关键是需要思考如何才能打动谈判对手，让对方向你敞开心扉。提问的首要目的就是让对方回答，如果对方连回答的意愿都没有，就说明你的提问是失败的。为了达到这样的目的，提问者就需要把自己融入提问的语境之中，并配合相应的表情、语调，从而达到声情并茂的效果。

如果提问的时候言辞空洞、表情木讷、声调平缓，就很难从对方那里得到想要的答案。因为当你这样提问的时候，对方会觉得你没有诚意或者目中无人，他们也会采取相同的态度回应你。事实上，这样提问的方式就像是在"读"问题，而非提问。所以，为了让提出的问题得到更好的回复，就要配合表情。比如，当你询问对方悲伤的事情时，你就流露出一种肃穆的神情；当你询问对方开心的事情时，你最好表现得比对方还要开心。这样的话，你的问题就会更容易打动对方。

杨澜曾经说过："我们身边的教育大多数都是在教人怎么去回答，很少有教人怎么去问的。每次采访之前我都会很兴奋，也有点紧张，并不是因为嘉宾的地位、名头很大，而是我想究竟应该如何利用这短短的一个小时通过提问得到最好的故事。"可见，好的问题不仅会让对方感受到我们的真挚情感，而且可以引出最好听的故事。

第九章　善于提问，把握谈判的总体走向

利用反问占据主动

　　反问，就是反过来问，由回答的一方转变为问的一方。在日常交谈或者正规谈判中，巧于反问，就可以平中出奇，获得意想不到的成功。面对他人的提问，常规的反应是对其做出回答，但有时候，对方的提问不合情理，自己不愿意回答，或者我们不清楚提问者的动机，或者不想直接回答时，就可以采用反问的方式进行回应。

　　一次，英国某个电视台的记者采访梁晓声，问道："如果中国没有发生'文化大革命'，也就不会产生你们这一代青年作家，那么在你看来，'文化大革命'是好还是不好？"谁都能看出了，这个问题纯粹就是一种刁难。好在梁晓声灵机一动，反问道："如果没有第二次世界大战，也就不会出现以反映'二战'而著名的作家，那么在你看来，'二战'是好是坏？"

　　英国记者先是一愣，无言以对。梁晓声就是运用反问的技巧，既化解了自己的尴尬，又让对方陷于被动的局面。

　　不管你是什么身份，在日常生活中灵活运用"反问"的说话技巧，都可能变被动为主动。这样，当你在与别人交谈时，你就不用被他人牵着鼻子走。事实上,反问的技巧、方式很多,你根据实际情况灵活运用,就可以让谈话或者谈判收到意想不到的效果。

1. 机智型反问

萧伯纳写的剧本《武器和人》即将在舞台上上映,应剧院的邀请,萧伯纳在开演前向观众致意。不过,让萧伯纳没有想到的是,台下突然有一个人大喊道:"萧伯纳,没有比你的剧本更糟糕的东西了,谁会看呢?赶紧停演吧!"

萧伯纳并没有生气,而是彬彬有礼地回答说:"朋友,我完全同意你的观点,但遗憾的是,我们两个反对那么多观众有什么用呢?我们能禁止这剧本的演出吗?"

萧伯纳的机智反问,引起全场观众的笑声和掌声。毫无疑问,剧本不仅正常演出,而且大获成功。

2. 幽默型反问

一位母亲买了两个梨,一大一小,打算给自己不听话的儿子普及一下"孔融让梨"的感人故事。当她把梨拿出来问儿子要大的还是小的的时候,儿子果然如她所料,理直气壮地说要大的。这位母亲便语重心长地说:"你应该懂礼貌,把大的让给妈妈吃。"

"妈妈,懂礼貌是否就意味着要撒谎吗?"

母亲原本想给儿子上课,结果被儿子的问题问得哑口无言,反被儿子上了一课。不过,儿子把礼貌与撒谎这两类不同性质的事情扯在一起,确实既幽默，又令人有所领悟。

3. 讽刺性反问

很多地方都流传着这样一则故事：

旧社会的地主经常会在半夜催促工人们起来干活，虽然大家都知道这个时候干活不仅困，而且效率还不高，但是无奈，寄人篱下，又拿人家工钱，只能听命。后来，一位机智的长工想出了一个应对地主的办法。

半夜时分，当地主来催工人们干活时，这位长工说："等我把身上的几只虱子捉住就去。"

地主反问道："天这么黑，你还能看见虱子？"

长工说："对呀，天这么黑，干活能看见吗？"

长工的反问，让地主处于一种窘迫的地步。后来，地主慢慢把工作时间推后了。事实上，如果在谈判桌上遇到类似不合理的要求，就可以以这种反问的方式，让对方的阴谋不攻自破。

4. 肯定型反问

贞观十五年，唐太宗李世民问众大臣："守天下难不难？"

魏征回答说："非常难。"

李世说："我任用德才兼备的人为官，又听从你们的批评意见，守天下还难吗？"

魏征说："古代的帝王，打天下的时候，能够注意用人和听从意见，一旦打下天下，只图安乐，不喜欢别人提意见，导致亡国，所以，圣人说'居安思危'，指的就是这个，能说守天下不难吗？"

5. 疑问型反问

《工人日报》曾经发表过一篇以《这是一个什么会》为标题的文章，披露了宁波某机构为期五天的会议日程安排。从日程上看，为期五天的会议，只有半天安排正事，其余都是游览。作者在最后问道："国家三令五申不许借开会之机游玩，为什么仍会有这种不知被报纸披露多少次的怪事呢？"这类反问直指问题的核心，往往会引人深思。

6. 抒情型反问

抒情型反问一般会融合发问者的情绪和感情倾向，比如《红楼梦》第二十八回：

宝钗见宝玉呆呆的，自己倒不好意思起来，扔下串子，回身才要走，只见黛玉蹬着门槛子，嘴里咬着绢子笑呢。宝钗道："你又不得风吹，怎么又站在那风口里？"黛玉道："我才出来，他就'忒儿'的一声飞了。"口里说着，将手里的绢子一甩，向宝玉脸上甩来，宝玉不知，正打在眼上，"哎哟"了一声。

这段对话中的反问和动作描写，抒情性质非常浓厚。

7. 悬念型反问

悬念型的反问目的就引发提问者的疑问和好奇心，比如，甲问乙："丙最近怎么样？"乙说："他最近出事了，你不知道？"此刻，甲肯定会急切地问："出了什么事？"

8. 引语型反问

有时候，你用自己的话解释某个现象或者回答某个问题，还不如引用一个成语或者典故效果好。因为成语、典故背后的知识大家都了解，只需在说的时候稍微一点拨，大家就会心有灵犀。

一个新战士入伍后，练了一个月的射击，仍然打不中十环，他问班长："我为什么打不中靶心？"

班长说："你知道一句俗语吗？'要想功夫深，铁棒磨成针。'"

战士立刻明白了。

9. 层递型反问

层递，是一种把要表达的意思按照大小、多少、高低、轻重、远近等不同程度逐层排列的修辞手法，这种层递可使读者层层跟随，因而引人入胜。如果属于叙事层递，就会让条理更清楚；如果属于说理层递，就会让说服力更强；如果属于抒情层递，就会让感染效果更佳。比如《追求》杂志的内容介绍里有这样一句话："人人都有追求，人人都追求幸福！但是，幸福在何处？真善美在哪里？怎么追求到？追求杂志将为您导航。"

用模糊提问控制谈判节奏

谈判的时候，每一个问题肯定都会包含着特定的目的，有些问题是为了获得精确的答案，比如问对方"你们最低愿意出什么样的价格"，但也有一些问题只是为了寒暄，或者说为了和对方建立关系，比如"最近工作还顺利吧"。针对前一种情况，问题就应该严谨一点、清晰一点，要不然对方无从答起。针对后一种情况，最好模糊一点，否则会被对方认为打听隐私或者另有其他企图。

周末的一次聚会上，大家惊讶地发现单身已经两年多的关蓉竟然快要结婚了。事实上，上一次失恋给关蓉的打击很大，她甚至已经做好了终身单身的打算。所以，当听说她快要结婚的时候，朋友们都感觉不可思议，纷纷询问："究竟是哪位男士有这么大的魅力？竟然把我们关蓉的心给融化了。"

随后，关蓉讲起了和自己未婚夫初次约会的场景："我们是在网上认识的，因为都喜欢看书，所以聊得比较投缘。后来慢慢熟悉了之后，他就约我见面。我本来没答应，不过对方说只是想去书店买几本书，想让我帮他参考一下。结果，我就去了。见面后，他问我更喜欢看电影呢还是更

第九章 善于提问，把握谈判的总体走向

喜欢爬山。我告诉他说更喜欢看电影。他接着又问：'国产电影呢还是外国电影？'我告诉他更喜欢外国电影。没想到他笑着说：'真是太巧了，我也喜欢外国电影。听说现在电影院正在上映一部非常火的动漫片——《你的名字》，你知道这部电影吗？'我告诉他说听同事讲过，感觉挺不错。随后他就说：'那周末一起去看看吧！'我也顺口就说了句'好啊'。就这样，有了第一次约会，我们后来就一起看了几场电影，在一起吃了几顿饭。然后，我就答应做他的女朋友，后来也顺理成章地接受他的求婚了。"

说完之后，关蓉停顿了一会儿，然后满脸幸福地说道："每次和他说话，他总是会问很多问题，有些问题比较连贯，有些问题都不知道他为什么会问，反正稀里糊涂地就答应了。"

其实，关蓉未婚夫的高明之处就在于，他问问题的时候从来不透露自己的真实意图，而是通过问东问西让关蓉摸不着头脑，然后等她回答顺畅了，再慢慢设个"圈套"等着她往里面跳。通过关蓉的故事，我们会发现，有时候，模糊的提问正是一种智慧的表现。

有时候，模糊提问是为了给对方设陷阱，有时候也是为了避免自己透漏过多信息，掉入对方的陷阱。特别是在一些涉及重大利益的商业谈判或者政治谈判中，每一句话都需要格外谨慎，因为一不小心就会透漏自己的意图、底线或者其他敏感信息等。如果对方知道你是谈判的关键人物，或者你身上有他们急切想了解的信息，他们就会挖空心思，从你身上挖掘。此时，运用一些模糊的提问可以巧妙地引出另外一个新的话题，从而打消对方在你身上下功夫的企图，又不失礼节。

很多谈判场合都会出现这种画面：有人向对方杂七杂八地问了很多看似无关紧要的问题，但是到最后却从中得到了一些非常有用的信息。所以

说，优势谈判高手的提问看起来毫无逻辑，但当你回过头去细细回味的时候，你就会发现这些问题是有规律可循的。他们问一些无关紧要的问题，就是为了迷惑你，让你猜不透他们的意图。如果你想成为一个优势谈判高手，就要学会运用这种模糊提问的方法。当然，如果你想更上一层楼，就需要掌握如何"反侦察"对方的模糊提问。此时，你的头脑必须保持清醒，对于对方不重要的问题，尽可以大胆回复，如果涉及敏感话题，就用模糊回答或者反问等方式，把对方的注意力引开。

第九章 善于提问，把握谈判的总体走向

掌握分寸，不让对方感到难堪

德国著名物理学家、量子力学的主要创始人沃纳·卡尔·海森堡曾经说过这样一句话：提出正确的问题，往往等于把问题解决了一大半。相反，如果问的问题不合理、不恰当，就等于把问题的复杂程度提升了一大半。所以，在谈判桌上，如何提一个正确的问题是一件非常重要的事情。那么，如何保证问题合情合理呢？关键在于掌握分寸。

1. 不随便问

谈判的时候，如果对方心情愉悦，你却问了一个非常令人沮丧的问题，就会令大家不快；如果对方正在就某个话题滔滔不绝，你却突然提了一个不相干的问题，就会让对方顿感失望，因为他会觉得你没有认真听他讲。所以说，谈判的时候不能随便乱问，一定要掌控好时间，把握好问题本身与会谈的气氛是否融洽以及是否问对了人。

有个销售员去拜访客户，结果很不巧，客户正在陪朋友吃饭。当客户再三告诉这位销售员说，今天不行，改天再谈的时候，这位销售员却没有听从客户的建议，而是拿出来他们这一行优秀者身上固有的执着，问道："先生，能否耽误你一分钟的时间？"

听到这个问题，客户顿时火冒三丈，嚷道："一分钟！你已经在这里耽误了我三分钟的时间了，知不知道？我现在收回我刚才说的'改天再谈'的那句话，因为我知道我们永远也不会再见面了。好了，你可以走了。"

这位销售员首先没有选择好提问的时间，因为对方正在和朋友吃饭，此时最忌讳的就是外人干扰；其次，这位销售员也没有问对问题，或者说他的问题里面本身就包含着"欺骗"的成分。基于这两点原因，客户失去了再和他交涉的耐心，结果在朋友面前发火。

提问的时候，一定要了解你的提问对象，并采用最佳的方式，问些适合对方回答的问题。如果你只是为了与对方套近乎，问题可以适当娱乐化、日常化一点，即便如此，也不能信口开河，随便乱问。

2. 不问无意义的问题

有些人在谈判的时候总喜欢问一些不疼不痒或者与谈判主题毫无关系的问题。这类问题一来会让对方无从回答，二来会让对方产生反感心理。另外，有些谈判者总喜欢在具体谈判的时候问些总体性的问题，这类问题并非客观上的无意义，但显然不适合在这样的场合提出来，因为它需要回答的人花费很长的时间来回答。这也算是无意义的问题。那么，究竟该如何规避这样的问题呢？一个非常简单有效的办法就是：问具体的问题。把问题问得足够具体，就可以在很大程度上避免无意义的情况。当然，具体的问题也要围绕谈判的核心议题去问，而不是随便问。

3. 不问负面的问题

提问不是简单地为了获取对方的信息，有时候也会间接改变对方的感受，影响他人的心情。所以说，提问的时候，最好多问一些正面的问题。

正面的问题通常会带来正面的答案，有利于谈判氛围的酝酿。相反，负面的问题会给对方带来负面的感受，对方的回答有可能会因为负面的氛围而影响你的心情。所以说，与正面提问一样，负面提问的影响也是双向的。

通常情况下，正面的提问会得到对方肯定的答复，而负面提问会得到对方否定的答复。为了得到肯定的答复，在提出正面问题的时候有一个诀窍，就是提前设定。比如你问对方需要咖啡还是茶水，对方通常会从中选择一个，而不是拒绝。同样，当你问别人"这个地方哪里最令你印象深刻了"，这样的问题已经把条件预设为"你印象深刻"，通常对方也会就印象深刻做出回答，而不是说没有哪个地方印象深刻。

4. 不问突兀的问题

谈判的时候一般都会遵循一定的议程，双方有重点、分先后次序协商，也就是说你们的沟通、提问都应具有一定的连贯性。但是，也不排除有些人迫于时间的压力，或者想采取某些特别的办法震慑对方，故而采取突兀的方式提一些让对方意想不到的问题。不能说突兀的提问就不可行，但是这种提问通常都会让情况变得更糟。

谈判时，我们应该保证各个问题之间有逻辑地连贯起来，表述时也应该保证问题的切换要说得通。比如，你想建构事件的历史过程，那么提问的时候就应该以时间为主轴：先发生了什么，其次又发生了什么，最后有什么样的结果。

有人认为问题的连贯性就在于问题本身，事实上这是一种误解。真正的连贯性在于，问题之间是否相关。所以说，要保证问题的连贯性，就要针对人们回答挖掘出问题的线索，从而提出下一个问题。

5. 不问非此即彼的问题

我们都知道，生活中的很多事情并非简单的对错就可以概括，很多事情也不是非此即彼的关系。所以，在谈判的时候，如果你想和对方保持沟通的顺畅，就需要更多地采用微妙的问法。微秒的问法不同于非黑即白的问法，它意味着我们要尊重现实，理解黑与白之间的灰色地带，以寻求更加开放的回答。当然，微妙不是含糊其辞，真正的微妙带来的应该是精确的描述性回答。

6. 不要急着回答

如果你接到一个询问不同产品价格的电话，比如对方问你"你能告诉我这几个产品的报价吗"。你会怎样面对？如实告知？不，你首先要明确，这是不是采购方设下的圈套。如果你直接告诉他们你的价格，对方可能会提出更低的报价，这样的话，你就没有了讨价还价的余地。从表面上看，你很诚实，也很干脆，但在对方眼里，你很傻。

因此，不要着急回答谈判对手提出的问题，即便有些看上去很普通，除非你明确对方的意图。回答之前，你最好先清楚对方的要求或者相关情况，然后再回答也不迟。据相关机构的调查，有半数以上的人缺乏闭嘴的能力，总是有一种回答问题的欲望。如果是在课堂上这样做，老师会表扬你；但是在谈判桌上，对手或许也会表扬你，但是，吃亏的还是你自己。

第十章

活用情绪,营造有利的谈判氛围

能控制好自己情绪的人,比能拿下一座城池的将军更伟大。

——拿破仑

乐观是希望的明灯,它指引着你从危险峡谷中步向坦途,使你得到新的生命、新的希望,支持着你的理想永不泯灭。

——达尔文

如果一个人影响到了你的情绪,你的焦点应该放在控制自己的情绪上,而不是影响你情绪的人身上。只有这样,才能真正地自信起来。

——刘同

隐藏真情绪，谈判有时需要演点戏

《韩非子·难一》中有这样一句话："臣闻之，繁礼君子，不厌忠信；战阵之间，不厌诈伪，君其诈之而已矣。"这句话是"兵不厌诈"这一成语的来源，指的是用兵作战不排斥运用诡变、欺诈的策略或手段克敌制胜，也指用巧妙的手段骗人。谈判虽然不同于带兵打仗，但在谈判的过程中利用情绪撒谎还是可以的，而且很多时候会产生奇效。

要知道，人的情绪有很多种，比如快乐、惊讶、愤怒、悲伤、恐惧等，这里面的每一种情绪都可以在谈判的时候发挥重要作用。这些情绪的释放会影响你在谈判过程中的思考方式以及解读信息的方式，还会影响谈判对手的行为。当然，这些情绪有时候会帮助你得到更好的结果，有时候会让你的谈判变得更糟，这也是我们需要在某些时候隐藏真情绪、制造假情绪的原因。

在一家夜总会的门外，一群年轻人吵吵闹闹，而且互相做些非常具有攻击性的手势。这种情形看上去似乎就要爆发一场恶斗。年轻的警察看到这种情形往往会表现得非常积极、热心，他们会在恶斗尚未爆发之前，就赶紧冲上去进行干预。相反，如果是一位稍微年长的老警察，就

第十章 活用情绪，营造有利的谈判氛围

会选择另外一种做法：远远地观察事态的发展，等到有伤者出现时才出手干预。

那么，究竟哪一种做法更好呢？来自英国的研究表明，如果警察耐心等待一会儿，受伤者会比过早干预少得多。这听起来似乎有点矛盾，但事实的确如此。其实，刚开始年轻人的情绪都是"假"的，他们渴望用自己的威猛吓退对方。当然，对方也不会示弱，也会用相同的假情绪回击。一旦双方把各自的假情绪爆发完了之后，双方就会归于平淡，因为他们内心其实并不想让事态扩大，因为没有人可以预料到结果以及承担的后果。相反，如果有警察干预，他们就会觉得事态的发展由警察控制，那么就不能在对手面前丢掉面子。与此同时，他们会把自己的情绪夸张得更厉害，以至于对方也做出相同的反应，进而爆发"热战"。

优势谈判高手通常也是优秀的演员，他们除了表达自己的真实感受之外，还可以非常逼真地表达一些实际上并未体验到的情绪。比如，当你把自己的愤怒真实地表达出来的时候，或许是出于自制，也可能是不够自制。也有可能你的内心很愤怒，但却表现得温文尔雅，当然，这并非你的真情绪。你也有可能把事实上没有的情绪发挥得很剧烈，比如，为了给对手施加压力而假装愤怒。

由著名导演罗曼·波兰斯基执导的电影《钢琴家》里面有这样一个场景：居住在波兰华沙的席皮尔曼一家因为德国的入侵，不得不搬离自己原来的家。临走前他们打算把家里的钢琴卖掉，结果买主趁火打劫，开了一个非常低的价格。听到买主的开价，席皮尔曼的弟弟顿时火冒三丈，揪着对方的衣领准备将其赶出家门。不过，坐在一旁的席皮尔曼却淡淡地说了

一句:"让他拉走吧。"

席皮尔曼难道没有一点情绪吗?当然不是,事实上,这架钢琴就是他的,而且以他对钢琴的喜爱,没有人比他更不舍了。但是,他非常清楚当时的情形,知道唯有卖掉才是最正确的做法。我们也可以这样讲,正是因为席皮尔曼压制住了自己的情绪,才没有让这笔买卖泡汤。

谈判的时候,你自己的情绪以及谈判对手的情绪随时都有可能妨碍你想得到的结果。当你表达情绪过于极端时,对手很有可能会因为听不进去你的言辞而愤然离开;或者你不假思索地透漏了一些不适合分享的信息。这些情境都有可能造成谈判的冲突升级。如果情绪失控,特别是一些负面情绪失控,则不仅仅会对谈判本身造成负面的影响,甚至会对你们的关系产生持久的负面影响。

情绪会限制一个人在战略上思考和行动的能力,特别是负面情绪。基于此,优势谈判高手通常都会试图压制或隐藏自己的负面情绪。通常情况下,你可以采用如下方法做到这一点。

①避开可能产生强烈情绪反应的场合。比如,你最近刚和一个同事闹别扭,那就不要和对方有近距离的接触。

②调整当时的局面,减少产生激烈情绪的可能。

③如果你发现谈判对手非常让人生气,则不要被对方的情绪感染。此刻,不妨在心里默念十个数,让自己的心归于平静。

④简单压制当时的心理感受,做到面无表情。

这些方法都可以把你的情绪波动控制在最小的范围。需要注意的是,真情绪并不特指暴躁的脾气或者温和的脾气,假情绪亦如此。当你觉得快乐的情绪不利于谈判的顺利进行时,你就要利用假情绪,比如愤怒。曾经有一项围绕"情绪对谈判的影响"而展开的研究表明，在谈判中，伴随着不确定感的愤怒情绪将会创造出更多的价值。事实也表明，情绪的强化有助于谈判者申明价值，不确定性的强化也有助于创造价值。所以说，谈判者在对谈判的局势不确定的时候，可以通过"愤怒"来实现自己的目标。

不可忽视的情绪感染效应

　　国外曾经有这样一套连环画：有个小男孩儿因为心情不好，在路边遇到一条小狗，便狠狠踢过去，吓得小狗狼狈逃窜；因无端受了惊吓，小狗见到一个西装革履的老板便汪汪狂吠；随后，这个老板又把自己的情绪爆发在自己的女秘书身上；女秘书回家后把怨气一股脑撒给了莫名其妙的丈夫；第二天，这位身为教师的丈夫又如法炮制，对自己一个不长进的学生一顿痛骂；这个挨训的学生，就是一开始踢小狗的那个小男孩，在回家的路上又碰到了那只小狗，他感觉自己的倒霉全都是因为这只小狗，结果二话不说，又是一脚踹向了那只狗……

　　这个故事有点像"蝴蝶效应"，但在心理学领域，它有一个更专业的称呼——情绪感染。谈判的时候，不管你的情绪状态如何，都要让谈判对手感受到你的正面情绪，或许符合你的最大利益。这是因为，快乐的人更加迫切地达成协议，而且他们更加乐观，在谈判中的要求也会更少。所以说，在谈判的时候给对方传递正面的情绪是极为重要的。在这一方面，乔·吉拉德做得就非常出色。

　　乔·吉拉德是世界上最伟大的销售员，他所保持的世界汽车销售纪

第十章 活用情绪，营造有利的谈判氛围

录：连续12年平均每天销售6辆车，至今无人能破。事实上，乔·吉拉德也可以说是世界上最出色的谈判者，因为他非常擅长向顾客传递积极的情绪信号。据说，他曾经每个月给客户寄送1.3万张贺卡，而且每张贺卡的祝福都各不相同。当他把这些贺卡寄出去的时候，他其实也是在向每个客户说："我喜欢你！"

情绪的感染一般都是通过潜意识地模仿他人的肢体动作、表情、语音语调等进行的。如果说正面情绪可以感染谈判对手，乔·吉拉德的成功无疑就是通过积极友好的态度感染他人的结果。据说，乔·吉拉德在总结自己成功秘诀的时候，有一条就是：不得罪一个客户。如果没有积极的、正面的情绪感染对方，不得罪客户几乎是天方夜谭。

通过正面情绪，你可以用你的快乐感染谈判对手；同样，如果你表现得很愤怒，那么你身边的人也会有愤怒的感觉。从某种程度上讲，情绪感染就是在这种无意识的状态下发生的。事实上，情绪感染对自己同样有效，也就是说，你的情绪也可能会影响到你后续的情绪、判断等。比如，当你企图对谈判对手采取策略性的愤怒时，随着时间的推移，你会发现自己越来越愤怒。那么，在你表达那些既影响自己，又影响谈判对手的情绪时，有没有更好的方案呢？比如，到底是表达愤怒好一点，还是向谈判对手发出威胁更好一点？事实证明，从心理学的角度出发，威胁比愤怒更有效。

有时候，为了促进谈判，优势谈判高手需要用自己的情绪感染对手。但是，有时候，优势谈判高手也需要防止他人的情绪对自己的干扰。那么，具体该如何规避呢？

1. 离开激怒你的场所或者是谈判对手

要知道，一旦你被对方激怒了，那么此时对方的一个眼神、一句话都

可能会成为你的眼中钉、肉中刺。所以，暂时离开是最为明智的选择。

2. 暂停一分钟

如果你预感到对方的负面情绪已经在你身上"感染"，就尽快提议暂停讨论一分钟。这个时间或许很短，但在发生事端前的暂停却非常宝贵。因为这一分钟的暂停，有可能会制止一场争斗，挽回一场灾难。

3. 转移注意力

当谈判陷入僵局的时候，双方肯定都会有负面的情绪产生。如果感觉双方的情绪快要失控了，就要暂停这项讨论，换一个比较轻松的话题。比如，聊聊最近的热点新闻，唠唠家常什么的。这样做只有一个目的，就是转移注意力。事实上，当注意力从这些事情上回来的时候，你们发现自己的情绪已经恢复了平静，在谈判起来，思路也会大开。

4. 让怒气合理宣泄

如果你感觉负面的情绪已经在自己心中堆积，再坐下去就会"爆炸"，就没必要再强忍着了。此时，你可以做一些剧烈的运动，比如跑步、游泳、打球什么的，把自己的负面情绪发泄出来。事实上，这种宣泄也是我们通常意义上的减压，但它的效果确实非常好。

乐观和耐心让你游刃有余

如果要为谈判者寻找一个可以激发自身潜能的内在动力，则没有比乐观更合适的了。乐观虽然只是一种态度，但它可以调节自己的情绪，最大化地激活自己的潜力，从而让你在谈判桌上游刃有余。当然，光有乐观还是不够的，你还必须拥有耐心，因为谈判的过程难免会出现波折。没有耐心，乐观就很容易夭折。正如柏拉图所言："耐心是一切聪明才智的基础。"事实上，这样的聪明才智如果发挥得当，就会在谈判桌上爆发出惊人的能量。乐观与耐心之间存在着如漆似胶的关系，或许我们也可以这样说，因为乐观，所有更有耐心；因为耐心，所以会更坚定地乐观。

人们一般把谈判结束的时间称为死线，各方的底线让步往往也都会在这个时候体现，所以这条死线对谈判的意义重大。这个时候，大多数谈判者都希望通过软磨硬泡让对手屈服，这时就需要极强的耐心。最后一刻，谁的耐心更强，谁成为最后赢家的可能性就更大。

有位议员在一次会议中投了针对一项决议的赞成票，而这项决议本身对自己政党不利。第二天，政党领袖就气冲冲地来到这位议员的办公室，大骂他是叛徒。

议员当时正在低头写一封信，见这位领袖进来对其怒骂也没抬头，好像对方根本不存在。看议员如此"无礼"，这位党领袖更是生气，不顾办公室其他职员的反应，故意加大嗓门，说出更加难听的话对议员进行辱骂。其他职员见此情景，认为这位议员一定恨不得拿起旁边的墨水瓶朝这位骂人的领袖砸过去，不过，议员依然是当什么都没发生，依旧在埋头写东西。

政党领袖有些纳闷，就绕着这位议员的座位走了一圈，回到原位后又将其痛骂一番。虽然政党领袖不断重复着那套盛气凌人的指责，但议员就是不抬头看他一眼。当政党领袖骂累了，感觉没意思打算离开的时候，议员才停下手中的笔，抬头冲着对方笑了一笑，说道："干吗急着走啊？你的愤怒都发泄完了吗？"

领袖看着对方，竟然一时语塞，不知道该说什么好。

我们不确定这位议员是否天生就是乐观派的，但至少在解决与政党领袖分歧的这件事情上表现了足够的智慧。他深知一个人的盛怒，如果没有遭到反击，则肯定持续不久。那位领袖怒气冲冲地来找议员，根本没有理性可言，如果硬是和对方讲道理，则只会将矛盾更加激化。所以不言不语就是和对方最高明的较量。而且，他的乐观态度让他相信，对方最后肯定会屈服。事实证明，果不其然。

不管是在谈判桌上与对手激烈的交锋，还是面对他人当面的无礼攻击，都要耐住性子，不理不睬，到最后对方只会自讨没趣。有些经验丰富的谈判专家，越是在对手急不可耐的时候，越能让自己变得冷静，因为他们知道这个时候很关键。对方的急如果起不到效果，则势必返回去伤到自己，而你的冷静就是对手最不愿看到的效果。做到这点，基本不用再做其他的，就可以让对手方寸大乱。

耐心或许是这个世界上最容易的事情，因为并不需要你额外多做什么，更多的时候只需要你安静地坐在那里静观其变就可以；不过，耐心通常也可以说是最难的事情，因为没有什么比内心的煎熬更令人心神不宁。其实，谈判本来就不是一件轻松的事情。试想一下：对方凭什么会接受你提出的条件呢？但是，世界就是如此奇妙，有时候并不需要你做额外的工作，对方的情感和理智就会发生转变。

所以说，谈判的时候，只要你付出了，顺其自然就好。当然，如果你是抱着悲观的心态来迎接这些，这些对你而言就纯属运气；如果你是抱着乐观的心态迎接这些，这些对你而言就是必然。

学会表达"意外的惊讶"

张博是一家互联网公司的联合创始人,因为忙于工作,一直没有谈女朋友。最近,经一个朋友介绍,他认识了一位和他年龄相仿,而且形象、气质都不错的女性朋友。张博感觉这是一个难得的机会,也希望自己能够好好把握,于是决定约对方吃饭。因为是第一次见面,为了给对方留下一个好印象,张博把吃饭地点定在了国贸附近一家高档酒店。

两人刚坐下,服务员就拿着菜单过来了,为了显得大气一点,张博顺口问了一句:"有什么推荐的红酒吗?"服务员就把店里卖得最火的一种红酒介绍给张博。张博把菜单翻到那瓶红酒的位置,一看标价,顿时傻眼了,一瓶红酒竟然1200元。虽然自己是一家公司的创始人,但企业还在成长阶段,这种消费对他而言实在是太奢侈了。女方似乎从张博的眼神里看出点什么,把菜单拿过去看了一眼,顿时尖叫道:"一瓶红酒1200元,这未免也太贵了吧?"

服务员见状,赶紧说:"是这样的,我们店里这两天在做活动,如果你们今天的总消费额超过2000元,我们的红酒可以打7.5折。"

当两人点完菜,服务员离开后,女方对张博说:"下次再遇到这种情况,可以学我刚才那样子,学会感到意外,这样对方就知道自己的价格虚

第十章 活用情绪，营造有利的谈判氛围

高了，会主动给你降价的。"

虽然严格来讲，这种点餐吃饭的经历算不上谈判，但是"学会意外"，对优势谈判者而言，却是表达自己情绪百试不爽的技巧。一旦你意识到这一点，它就不再仅仅是你在谈判桌上的优势，而是在任何场合与他人讨价还价的优势。

优势谈判高手都知道这样一个道理：无论何时，你都应该感到意外。特别是在听到对方的报价之后，不管这个价格你是占便宜了，还是吃亏了，都应该感到大吃一惊。如果你不这样做，则很有可能会吃大亏。比如，你到一个旅游景点旅游，看重了一幅颇具当地特色的画卷，你问对方多少钱，对方回答"150元"。此时，你并不感到意外，他就会接着告诉你"如果再加30元，可以帮你在上面题几行字"。如果你依然不感到意外，对方就会在你临走的时候说："这幅画卷如果再配一个精美的盒子，可以帮你省50元，只需70元。"然后，你按照对方的说法，又额外花了100元。那么，这些东西是否真的值这么多钱呢？或许卖画的人最清楚。但有一点也同样是肯定的，如果你在听到对方第一次报价的时候，感到意外了，而且和对方讨价还价了，那么，最后你买这些东西所花的钱肯定会少很多。

这种事情我们经常会遇到，比如你买了一台5000元的笔记本电脑，对方只给你不到100元的优惠；你是家具经销商，客户要求送货上门，但是又不愿意支付运费；你想卖自己的房子，但对方想在签合同之前就入住。在这些情况中，对方或许压根就没想过你会接受他们的条件，但是如果你连感觉意外的情绪都没有，他们就会自然而然地觉得：既然他们觉得没什么，那我就应该继续加码，说不定对方也会顺利地答应我的要求呢！

谈判开始之后，买卖双方都会希望对方先报价。既然必须有一方先打破僵局，那么他报价的时候就会特意把价格报得偏高（卖方）或者偏低（买方）。这样做至少有两方面的好处：一来，有讨价还价的余地；二来，如果运气好了，对方没意见，那岂不是更好。所以说，即便冒着被对方嘲笑的风险，谈判者在报价的时候也会表现得很不诚实。此时，你的意外就像是检验真假的仪器一样，让对方不敢太放肆。

永远记住一点：听到对方第一次报价，一定要感到意外。因为，对方并没有认为你会接受他们的第一次报价。但是，如果你不感到意外，他们就会认为你在默认，这甚至会让他们在接下来的谈判中得寸进尺。

除了学会意外之外，谈判的时候还要学会假装惊喜，比如你看到对方穿了一件新款的衣服，可以通过表示惊讶的赞美之情拉近互相之间的关系。虽然有时候你的惊喜并非发自内心，甚至有点做作，但并不妨碍你和谈判对手的关系更进一步。我们都听过这样一个故事：一个财主刚生了一个儿子，街坊邻居都去祝贺，并对财主的儿子表示赞赏，说他日后肯定升官、发财，等等。来访的人里面有一个算命的，他看了看财主儿子后说道：这个孩子以后肯定会死。谁都知道，算命的说的是实话，而那些表示赞赏的邻居只不过是为了讨好财主罢了。但是，讨好的人都被热情款待了，而算命的人却被驱逐出了大门。谈判的时候表示惊喜，和邻里街坊祝贺时说吉利话是一个道理。

第十章　活用情绪，营造有利的谈判氛围

情绪化是优势谈判的大敌

有一点是可以肯定的，我们每天都在经历着各种各样的情绪，比如悲伤、喜悦、爱等。但是，同样不可否认的一点是，情绪会影响人们的理性，特别是在以处理信息为主的谈判中更是会影响谈判者水平的发挥。可以毫不夸张地说，情绪是优势谈判的大敌。特别是容易情绪化的人，除了个人性情难以琢磨之外，还不擅长倾听，而且很难专注于自己的目标。很多人总是羡慕影视剧中那些慷慨激昂的演讲者，那么，是否可以表明这种讲话方式很有效呢？未必。事实上，这还要看他激动的情绪是否影响到他清晰思考的能力。如果一个人的情绪完全受制于自己的感受，他就无法继续专注于自己的目标和需求。

与情绪形成鲜明对比的是人的同理心，因为同理心会让人的注意力集中到对方的感受。或者可以这样说，情绪关乎自身，而同理心关乎对方。事实也证明，同理心在谈判过程中非常有效，而情绪则不然。既然如此，在谈判过程中控制情绪就是最为理性的事情。要控制情绪，就要知道哪些行为会导致激动情绪的发作。通常情况下，如果对方做出如下行为，很容易导致另一方情绪失控。

①不遵守承诺或者不履行协议。

②歪曲事实，诬告对方。

③举止散漫，会议失约。

④故意贬低对方，让对方丢脸。

⑤质疑对方的能力、可信度等。

⑥以自我为中心。

⑦贪婪。

情绪化对优势谈判的影响非常大。首先，情绪化会让谈判形势变得不明朗，因为你会因为对方的情绪无法确定对方会在接下来哪怕一分钟的时间内做出什么样的反应。如果谈判双方的情绪都不稳定，则结果会更加难以预料。其次，情绪会弱化人们在处理信息时的能力。这也就意味着谈判者不会花时间去寻找创造性的解决方案，也不会想方设法扩大整体利益。相关研究也证明，情绪化的人更关心如何给他人造成伤害，而不是与对方达成令双方满意的协议。

与捉摸不定的情绪化相比，积极的稳定情绪可以增强创造力和增加达成协议的可能性。不过，谈判的过程往往也会掺杂一种危险的激情，比如一群激情澎湃的人会冷不丁地攻击他们以前一直喜爱的人或事。这种不稳定性对谈判有着极坏的影响，所以要尽量避免类似的情况发生。亲切的感觉对谈判固然有利，但是冷静的思维更显得可贵。如果想解决棘手的问题，就不能让自己的情绪太过激动。

既然情绪在谈判过程中扮演着如此重要的角色，而情绪又不能波动太大，也不能太过极端，比如过于热情或者过于冷淡，那么，学会控制情绪对优势谈判就显得弥足珍贵。为了控制情绪，谈判者需要对对方和自己进行非常认真的思考。

对个人而言，首先你应该清楚，情绪化对谈判中的任何一个人都没

第十章 活用情绪，营造有利的谈判氛围

有好处。如果在谈判的过程中，你感觉自己有情绪化的倾向，就赶紧停下来，让自己稍微休息一会儿。如果连这点都做不到，你就更不适合谈判。如果你坚持在心烦意乱或其他负面情绪的困扰下继续谈判，就会看不清自己的目标和需求，还会让你成为问题的焦点。为了不让情况变得更糟，你可以这样化解问题，比如告诉自己："我现在情绪不稳定，所以我说的话可能并非我的本意。"精心的准备通常可以让你避免忽略自己的目标，所以当你心烦意乱时，你不妨重温一下自己准备的材料，说不定会让你很快就镇定下来。

控制情绪还有一点非常重要，就是降低谈判的期望值。谈判开始前，如果你在心里就认为对方可能会粗鲁无礼或者态度强硬，你的期望值就不会很高，自然就不容易情绪化。谈判中，如果降低期望值，则失望的可能性也会降低，说不定还会有其他惊喜。

运用这些技巧会极大地提高你谈判的成功率，也会让谈判对手更友好。事实上，谈判的顺利进行会增加你的幸福指数，也会让你周围的世界变得更加美好。如此一来，你的情绪就会进入良性循环。即便你的周围都是怒火中烧的人，你也不要加入到他们的阵营，不要让他们的情绪影响你。为了不被他人影响，你需要对自己进行暗示："他们正在试图将我的注意力从目标上转移开，不要受他们意志的操控，否则，我会一无所获。"

除了控制自己的情绪之外，还要有效地处理对方的情绪化问题。要做到这一点，首先要识别对方何时处于情绪化的状态。但这并没有想象中那样容易识别。比如，从文化角度去考虑，瑞典人和英国人就没有意大利人那么容易情绪化，但这并不意味着这些文化中的个体都更容易情绪化或者不那么容易情绪化。我们经常会碰到这样的人：表面平静，内心似火，反

之亦然。关键在于,对方的行为是否与其目标或者利益相悖。有时候,你会碰到那些行事完全与自身利益相悖的人,你可能会问:"难道他们感觉不出来自己那样做对自己无益吗?"他们当然感觉不出来,因为他们已经不再关注自己的目标和需求了,他们正在情绪化。

此时,要说服这样的人,你必须冷静下来,成为他们感情上的知己。要设法了解他们的情绪,知道他们的情绪是什么原因造成的。如果不清楚对方情绪爆发的原因,而盲目让他们冷静下来,则只会激起他们更大的愤怒。这主要是因为你让他们冷静的要求忽视了他们情绪的正常发泄。要体会对方的感受,了解对方情绪爆发的原因,仅仅告诉对方"要理性"是不够的,你必须对他们的行为先表示理解,并倾听对方的诉说。通常情况下,对方都会在诉说完之后,变得比刚才冷静许多。

第十一章
看人说话,抓准每一场谈判的重点

让朋友低估你的优点,让敌人高估你的缺点。
——马里奥·普佐《教父》

没有永远的朋友,也没有永远的敌人,只有永远的利益。
——丘吉尔

职场如同江湖,江湖有江湖的规矩,职场有职场的原则,如果不懂规矩,只会被淘汰,有时候年轻并不是一种优势。
——《欢乐颂》

商场砍价，价格和政策是核心

文韬是一名工商管理硕士，刚刚上完一堂关于如何通过谈判为自己谋取更多利益的课程。一天，他来到学校附近的百货公司，打算检验一下自己的学习效果。来到一个鞋类专柜旁边，他看到两双颜色、款式都差不多，但价格差了将近一倍的皮鞋。

"这两双鞋的样子差不多，贵的那双做工和皮质肯定要更好一些。"

"你说的没错，是这样的。"销售员回应道。

"我敢说价贵的这双皮鞋肯定比价格便宜的那双难卖，大多数人都会选择便宜的。"

"是这样的。"销售员说道。

文韬接着问："贵的这双皮鞋是否会因为销路不好而停产，到时候是否会占据其他销路好的鞋子的空间？"

销售员似乎觉察出了文韬的意图，慌忙说道："我们的皮鞋几乎从来不打折。"

从销售员嘴里听到"几乎从不"这个词，文韬立马意识到这样一个信号，也就是说这里的皮鞋也有打折的时候。于是，文韬说道："贵的那双皮鞋我买不起，但我想知道，我能否以一种既让你有利可图又可以帮你销

第十一章 看人说话，抓准每一场谈判的重点

货的价格把这双鞋买下了。"

很显然，文韬想用"销货"这个字眼刺激销售员的心理。看销售员在思考，文韬接着说："我是工商管理硕士，曾经对百货公司产品的价格做过研究，知道你们的标价通常都是实际价格的一倍。我想，是否可以用700元（标价1250元）买下这双贵一点的皮鞋？"

最后，销售员不但满足了文韬所报的价格，还给了他一张价值150元的优惠券。

我们都知道，当你向商家提出打折的要求时，有时候会取得成功，有时候不会。不过，优势谈判者不会因为商家的拒绝而沮丧或者情绪失控，他们会运用各种办法继续争取，直到实现自己的目的。

李娜多次给一个品牌店打电话要求更正自己的收货地址，但对方却没有照做，结果自己购买的皮鞋被寄错了地方，她也因此多花了两倍的邮费才收到。李娜并没有生气，而是打电话到对方的客户服务部。以下是他们的对话：

李娜："我想知道，贵公司有相关的客户服务准则吗？"

客服："是的，我们的客户服务准则一直有。"

李娜："那么，我给你们的商家打电话要求修改收货地址违背你们的准则吗？"

客服："不违背啊！"

李娜接着说："那么，如果我打了三次电话，但商家依然把我的快递寄到了别的地方，这符合你们的准则吗？"

客服："不符合。"

随后，李娜把自己的遭遇向客服诉说了一遍，最后，她问道："那么，对于你们给我造成的麻烦和损失，我可以从你们这里得到一些补偿吗？"

很快，客服就向李娜承诺，如果下次她再购买他们品牌的产品，只要单价不超过3000元，就可以享受6折的优惠。

就这样，李娜把自己的损失转换成了潜在的优势，最后还获得了超值优惠。试想一下，如果李娜一上来就抱怨、发牢骚，还会获得这样的优惠吗？几乎不可能。要知道，市场中的很多谈判都是以价格和政策为基础的，你需要灵活运用它们来为自己的利益或者便利服务。在上述这个例子中，李娜就是以对方的客户服务准则作为切入点，让对方意识到这个问题违背了他们的原则，而不是客户自己找茬。李娜通过对方的政策为自己赢得了价格上的优惠，虽然是潜在的，但有时候也会为你带来服务上的便利。比如，你晚上10:55去肯德基吃饭，对方说马上就要关门了，不再售卖了。但是你刚才进门的时候明明看到营业时间是到晚上11点才结束，你便可以这样问："公司是否规定了营业时间内可以拒绝顾客购买产品？"对方肯定会回答没有。此时，你可以接着反问："虽然还有5分钟就超出了你们的营业时间，但现在不是还没有到吗？那我在你们规定的营业时间内就餐，有什么不对吗？"事实上，你这是在拿他们的政策规定来反击他们的行为。

在市场上谈判的时候，一定要把握好价格与政策这两个核心。你的目的是用最低的价格获取最好的服务，而对方的政策就是助你达成自己目的的工具之一。所以，即便是中间出现了问题，也不要心急，要学会把这些都转变为自己的优势并加以利用。

和老板谈加薪，先客观评价自己的表现

有付出，就要有回报，身在职场的我们更应该学会用"钱"说话。加上现在的物价上涨得又那么快，工资肯定会越来越不经花。所以说，向老板提加薪既是自我价值的证明，又是自身生存的需要。虽然每个公司都有相应的薪酬制度，但是个人付出与实际收入不成正比的情况屡有发生。此时，如果你不主动开口，则老板肯定也不会主动找你。当然，在跟老板谈判之前，你首先要对自己的身份有一个明确的认识，对自己的付出有一个客观的认知。这样，你的说服力才有效果，否则加薪不成，还会让老板低看一等。

1. 新员工谈薪水

很多人会纳闷：刚入职也可以和老板谈薪水吗？答案是肯定的。事实上，从进入公司的那一刻开始，你和老板之间的这种谈判就已经展开了。首先，未入职之前，你或许因为对公司的薪酬制度不是很了解，把自己的"报价"说低了，那么进入公司后，你完全可以向老板提出重新谈判。其次，进入公司后，你的工作本身就是在为自己日后的涨薪积累资本。如果你发现进入公司的工作技能比你面试时知道的要求要高，或者工作量比当时面试时说好的要大，那么你完全可以把这些要素作为与老板谈

判的筹码。

当然，具体协商的时候，仅仅把这些事实讲清楚是不够的，你还必须具备一些谈判技巧。要知道，怎么说比说什么更重要。在谈判之前，你首先需要摸清老板对你的认同度，如果老板很认可你，你就是公司迫切需要的人才，谈薪水应该很容易。当然，在具体谈的过程中，你的身体语言要得体，不要以为自己能力很强，就不把老板看在眼里。与之相反，在谈薪水的时候，你最好表现出谦恭的样子，这样对方会更容易接受。有时候老板会故意留些回旋的余地，你可以适当争取，但不能过于急迫。事实上，你来向老板提出涨薪已经是在给对方暗示，也是在向对方施加压力，对方通常也会慎重地给你一个合理的"价位"。

2. 老员工谈薪水

如果你是一个已经在公司工作了很久的老员工，想要让老板给你加薪，一般要走一个流程，比如先书面提出，再进行面谈。随后，老板或者上级会对你提出的诉求进行评估。这样不但能够达到涨薪的目的，而且可以了解自己在领导心目中的地位。

需要注意的是，不要不打招呼直接去找老板要求加薪，并说些"如果不加薪我就走人"之类的话。因为每个公司都有自己的文化，也有自己的制度、流程，老员工更应该在加薪这件事上遵守流程。

（1）书面申请

你可以给领导发邮件或者把信的内容打印在A4纸上，最好不要用手写，因为这既浪费时间，又没有必要，关键是如果你的字迹不好，则老板有可能看不清楚。申请信里面一般包括这些内容：加薪的理由，为什么现在要加薪，想加多少（幅度范围），为什么加这么多等。

对于你的申请，老板的回复如果拖得越长，则说明他对你的认可度越

第十一章　看人说话，抓准每一场谈判的重点

低。对此，你心里有数即可，不能鲁莽。

（2）面谈

如果你的能力很强，你的价值得到了领导的认可，那么面谈这一环说不定可以省掉，老板可能直接答应你的要求。不过，通常情况下，老板（上级）都会找你进行一次单独谈话。此时，你应该少说多听。从对方的嘴里，你会对自己的价值有一个更全面的认识，对自己的潜力也有一个宏观的把握。不过，老板（上级）有可能会把自己的考虑说出来，此时你会发现自己的想法与对方的想法有很大出入。所以，面谈的时候，你还有一个任务就是阐明自己的价值，争取加薪的可能。

（3）反馈

面谈后，老板给你加薪固然是最好的结果。如果老板不同意你的加薪要求，则很多人的自尊心可能会受到伤害。不过，忍气吞声地继续蛮干是不对的，你要结合老板和自己面谈时提出的意见返照自己，看是不是还有哪些地方没有做到位。当然，也有一种可能就是，你确实很优秀，但老板确实很小气，此时就没有什么可以顾忌的了，你完全可以另谋高就。

需要注意的是，如今社会的雇佣关系都是双向的。不管是面试、升职或者加薪，都不是你在求对方，所以你要大胆地提出你的意见和要求。得到自己想要的固然最好，得不到也不要怨天尤人。只要你有真才实学，走到哪里都是金子，谈判之道贵在让你的光芒不被世俗蒙蔽。

商业谈判遵循的"科学谈判法"

很多人以为商场博弈就是拼命讨价还价，但实际情况可能要复杂得多，因为商业谈判还涉及人情、文化、价值观等因素。基于此，商业谈判如果不了解相关的知识，不掌握相应的沟通技巧，就几乎不存在成功的可能。法国ESSEO商学院教授、谈判教学与研究中心主任奥雷利安·科尔松教授说："充分、科学的谈判是现实可行的和谐之道。在任何一种冲突中，直接忽略谈判或者采用非科学的谈判方法，结果都会不乐观。"那么，怎样的商业谈判才算是科学的谈判方式呢？

1. 先倾听，再发言

商业交涉中，倾听是非常重要的技能，也是必经的环节。遗憾的是，很多谈判者都没有掌握这种技巧，而且有些谈判者总是把简单的聆听当作倾听，其实这是非常严重的误解。聆听更多的是抚慰对方，做做样子罢了，而倾听却包含着理解和反馈。

一个善于倾听的谈判者必须具备良好的理解力、记忆力和注意力。注意力可以让你非常敏锐地把握到重点，而记忆力可以让你把相关重点非常娴熟地记在心中，并结合自身的理解进行创造性的现场发挥。事实上，在倾听对手说话时，除了必要的点头、微笑等动作外，还要简单复述对手说

第十一章 看人说话，抓准每一场谈判的重点

过的重点，一来可以避免听错或产生误解，二来可以获得对方的认可。当你把倾听这个环节做到位了，对方也会对你的发言给予相同的尊重。

2. 要信任，也要核实

美国第40任总统罗纳德·里根曾经就限制核武器说过一句名言："要信任，但也要核实。"这句话用在商业谈判中可谓恰如其分。在商场上与对手博弈，不能做一个没有任何怀疑心和戒备心的莽夫，你需要不时地问自己，协议可以给双方各自带来什么好处，你们每个人各自放弃了什么，是否会因为这个协议让自己陷入受伤害的境地。

3. 坚持，也要理解

谈判的时候，每一方都有自己的原则、观点等，坚持原则、观点，维护自己的利益本身没有错，但是如果没有一颗理解对手的心，就会在对手那里留下"刻薄的商人""冷酷的谈判者"这样不好的印象。我们几乎可以说"相互理解"是优势谈判的核心之一，也是谈判能否成功的关键之一。当然，这种理解不局限于对方的原则、观点，特别是随着全球化的发展，很多商场上的博弈都是在不同民族、国别的人之间展开的。所以，理解包含对手的文化背景、风俗习惯等。

4. 遵守"禁忌表"，熟悉"备忘录"

在商业交涉中，为了做到知己知彼，你需要对对手有一个非常全面的认识，比如客户的国籍、文化背景、说话方式等。了解这些后，你就会明确其中的禁忌。比如，如果谈判对手是埃及人，你就不能说任何有损伊斯兰教文化的言论；如果谈判对手是以色列人，你最好表现出对犹太教的尊重。

奥雷利安·科尔松教授在《谈判的艺术》一书中总结了很多谈判"暗礁"，比如谈判前缺少经验分析，自以为强硬无敌，或者迷信竞争性谈判

和谈判尚未开始就想着做出让步。此外，还有些谈判者总是把谈判实质与关系混为一谈，拒绝解释、狂妄自大等。

作为商场上的谈判者，你需要把禁忌和备忘录在谈判开始前就罗列出来，以确保自己在谈判中的优势地位。

5. 重视谈判之外的利益方

商业谈判中的谈判者通常都是相关组织或者利益体的代表，他们或许是受益人，也可能只是委托方。基于此，在商业谈判中，不能忽视真正的受益方以及间接的受益人。重视与利益方或其他受益人的互动互信对赢得谈判的成功至为重要。

有位商人曾经就有过这样的感言："在中国做生意，保持好与政府及合作伙伴的关系是谈判成功的最主要因素；但在欧洲，则需要把这种关系和各方利益扩展至更大的范围。在欧洲，人们更重视人的因素，比如企业雇员、工会、社区等方面的关系，都需要照顾。"

巧用小秘密，赢得朋友心

家人是我们最亲近的人，但这种亲近更多的来源于血浓于水的依赖，与精神无关。这一点可以从我们与朋友的交往互动中发现依据，比如有些心里话只想和朋友说，而不愿意和家人谈。

方形前段时间应朋友孙翔之约，去海南旅游了一趟。回到家后，方形让朋友把在海南的旅游账单发给他一份。尽管方形给朋友提醒了多次，但几个星期过去了，朋友还是没有把账单寄给他。方形感觉自己的朋友实在是太懒了，但他又不想疏远这位朋友。最后，他决定给朋友写封电子邮件。方形在邮件里以大家工作繁忙为由为朋友没有及时核算账单开脱，并在最后问朋友最近什么时候有时间，看自己是否可以帮助他一起核算账单。方形的做法让朋友保住了颜面，而朋友也在收到邮件的第二天就把账单寄给了方形。他们的关系还同当初一样，没有受到任何影响。

有人会认为这种方式比较圆滑，但可以肯定的是，在直截了当和通过间接方式从而保全朋友颜面之间，总会有那么一点矛盾。要知道，与朋友有效地沟通就是既说服对方又不伤感情。因此，当你和朋友谈判的时候，出发点应该着眼于如何实现这个目标。

很多人以为只有为了某些特定的目的，才算是谈判，实际上，朋友之间的亲密交谈也可以称为谈判。当然，这种亲密交谈有时候并不那么顺畅，需要你通过一定的方法进行疏导。此时，一个非常管用的方法就是透漏自己的秘密给对方，然后赢得对方的信任，从而让朋友也把自己的心里话说出来。

刘彤最近脸色很不好，而且经常发呆，和她平时的样子简直判若两人。王敏和刘彤在一个公司上班，也是刘彤非常要好的朋友之一。见刘彤这样，王敏心里很不是滋味，她问过对方是不是身体哪里不舒服，但刘彤只是淡淡地笑着说了句"没事"，然后又开始发呆。王敏根据自己的第六感判断，肯定是出了什么事情。她突然想到前两天听说刘彤正在和男朋友闹别扭，莫非现在他们分手了？想归想，终究还不太确定，所以王敏决定试探一下。

中午去食堂吃饭的时候，为了让刘彤向自己吐露心声，王敏便看似无意地说起了自己和前男友的事情："大概是在半年前吧，我和前男友分手了，当时我哭得眼睛都肿了，后来还傻乎乎地买了几瓶安眠药，想一口吞到肚子里，就这样睡死算了。不过，当我想到年迈的父母还有可爱的弟弟时，脑子突然就清醒了。我不知道你是否能理解我当时的心情，当时给父母打电话，他们问我怎么了的时候，我……"

听到王敏在自己面前说这些，刘彤再也忍不住了，眼泪刷的一下子就流出来了，把头扑进王敏的怀里，哭着说："我前天也和男朋友分手了……"

第十一章 看人说话，抓准每一场谈判的重点

谈判既可以说成交易，有时候也可以理解为交换，前者重在利益，后者重在感情，而且这种交换式谈判特别适合用在朋友身上。为了让朋友敞开心扉，必须先让他对你有足够的信任，而没有什么比透漏自己的秘密更能赢得朋友信任的事情了。有时候，当你把自己的秘密告诉朋友之后，对方不说出自己的秘密，都会感觉不好意思。不过，用这种方式与朋友交谈的时候，仍然有一些要点需要注意。

1. 有限的秘密

赢得对方的信任固然是应该的，但是你没必要把自己的秘密毫无保留地都讲出来。要知道，把所有的秘密都讲出来并不代表你坦率，只能说明你还不成熟，甚至有点愚蠢。有些秘密是可以讲的，有些是不能讲的，你只要把能达到自己目的的那部分秘密讲出来即可。总之，在朋友面前说秘密一定要把握好一个度。

2. 真诚的态度

有些人为了规劝朋友，会编一些无中生有的故事骗对方。固然你的出发点是好的，但是你的故事一旦被对方识破，会让事情更糟，还会严重影响你在朋友心目中的形象，甚至信任感。信任感没有了，再想建立起来就会困难得多。

与家人沟通，不可意气用事

家庭是每个人的心灵依托，家人也是那些能够始终陪自己风雨兼程的亲人。在日常生活中，我们接触最多的人或许不是家人，但就关系而言，他们绝对是最亲近的。其实，即便是生活在同一屋檐下，也不可能尽是欢笑，也可能会有矛盾、分歧。因此，处理与家人的矛盾、分歧，也需要掌握一些沟通技巧，这对自己和家人而言都是非常有益的。

从某种程度上讲，所有成功的谈判都取决于交换条件，即人们会为彼此做哪些事。即便是家人，如果有人把自己的意志强加于其他家庭成员，那么他们的关系也会受损。不过，利用不等价交换的方法，却可以解决生活中各种潜在的纠纷。

有一场足球赛即将于周末在广州天河体育中心举办，家住深圳的吴先生打算约朋友一起去看。不过，吴先生的妻子却想在周末去佛山看望父母。夫妻俩认真思考了一下他们的真正利益点——吴先生想看球赛，妻子想看望父母——他们意识到，球赛只能在广州举行，但父母在哪里不是看呢。最后，他们互相做了让步，做了一个不等价的交易：为妻子的父母买两张去广州的车票。最后，吴先生还告诉妻子，如果父母两个愿意看球赛，就带他们一起去；如果不愿意，那就妻子陪老人在广州商场里逛逛，自己和朋友看完球赛就来找他们。

这笔"交易"之所以能够达成，有一个很重要的原因就是夫妇俩希望共同解决问题的态度。最后，他们都得到了自己想要的。虽然把交易用在与家人的谈判中有点别扭，但只要可以解决问题，就没必要在乎这些。事实上，关于不等价交易，我们还可以更有创造性地发挥，下面案例中的谭蓉就是一个很好的例子。

谭荣居住的小区附近有一家托儿所，每小时收费30元，但服务质量很一般，所以她不想把自己的女儿送到那里。后来，她在托儿所附近散步时，认识了一位和她同住一个小区的宝宝妈妈，对方也有一个还不到三岁的女儿。她们很快就成了朋友，而且互相也都到对方家里做过客。最后，谭蓉决定和这位新结交的朋友达成一项交易：两家轮流照顾彼此的孩子，这样两对夫妻就可以周期性地在晚上轻松一下。

这个办法可谓一石三鸟，既节省了大笔开支，又能让孩子享受到更温馨的呵护，还能让孩子在家里有个玩伴。两个家庭的关系也因为这个交易而变得更加亲密。事实上，这也为我们提供了另外一个思路，就是通常情况下，我们可以把用来解决邻里问题的技巧用在家庭中。

与家人谈判，需要主动，而且最好有一点氛围。这个氛围可以是刻意通过装饰营造出来的，也可以仅仅只是一个表情。

赵旭辉的老式大众车已经到了"退休"的年龄，他打算再买一辆新车。不过,在买车的时候,他和妻子产生了分歧。赵旭辉认为买吉普车合适,因为这样的话周末度假就会变得更方便,但妻子却坚持认为小轿车更好。就在争论快要破坏一直以来的和谐气氛时,他伸出了的舌头,模仿起了他们5岁儿子经常做的动作。看到这种情景,他的妻子不禁哑然失笑,紧张的气氛也随之缓和。接着,他心平气和地跟妻子解释了为什么吉普车更加适合他们,而妻子最终也同意了他的意见。

赵旭辉这种"制造幽默"的方法对缓和家庭气氛非常有帮助,没有尝试过的人不妨在下次与另一半有分歧的时候用用。除此之外,还有另外一种很好的办法,即"紧急叫停"。所谓紧急叫停,就是当你发现事情已经朝着自己不可控制的方向发展的时候,应该及时地停止争论。不要让你们不愉快的谈话继续下去,否则,它会像恶魔般伤害你们之间的感情。

与家人谈判的时候一定不要情绪化,更不要说些刻薄的话,因为这些都是不成熟的表现。

第十二章

规避禁忌，减少谈判阻碍

对抗，势不两立，是幼稚的。

——木心

在该让步的时候让步，不能让步的时候坚决不让。

——《美国队长3》

永远按照对方的观点去想，从他人的立场去看待事情，这或许会成为影响你终生事业的一个关键因素。

——戴尔·卡耐基《人性的弱点》

守住底线，不在立场上讨价还价

顾客：你这个手镯怎么卖？

店主：你的眼光真不赖，300元怎么样？

顾客：什么？就这镯子还卖300？你看这光泽度，一点都不亮。我最多出100元。

店主：你要是诚心买，咱们可以再谈谈，不过你说的这个价钱，有点过了。

顾客：那好，我再加50元，反正你说的300元确实太离谱了。

店主：夫人，我真佩服你，你砍价的功夫太了得了！这样，我也不说250了，230元，你拿走。

顾客：不行，还是太高了。170元。

店主：你出的这个价，我进都进不来，总不能赔本卖吧。

顾客：200，这是我的最后报价了，能卖就卖，不卖拉倒。

店主：夫人，你看这镯子，掂掂这重量，再看看这颜色，说不定在你家里放两年，还会再涨价呢。

上面这个谈判继续下去，也许会达成交易，也许会毫无结果。其实，

第十二章 规避禁忌，减少谈判阻碍

店主和顾客都有一个毛病，就是不断放弃旧立场。我们都知道，评价一个谈判方法的好坏大体上可以从以下三个方面来衡量：如果有达成协议的可能，是否能够在最后达成明智的协议；谈判是否有效率；谈判结果是否损害了双方的关系。如果以此标准来评估上述案例中店主与顾客的谈判，那么显然他们的谈判不能算是一个好的案例。那么，在立场上讨价还价有哪些弊端呢？

1. 不利于达成明智的协议

肯尼迪任美国总统时，就禁止核试验与苏联进行过一系列谈判，但结果以失败收场。实际上，谈判没有取得成功，很大一部分原因就是双方都把精力投入到立场上而忽略了问题的核心。当时美苏双方面临的一个主要问题是：允许对方到自己境内被怀疑有核试验活动的地区检查的次数。美国坚持认为至少10次，而苏联方面提出最多3次。因为在这一立场上双方互不妥协，导致谈判破裂。其实，美苏双方忽略了这样一个细节：检查是指两个人随便看一个星期呢，还是50个人随机地检查一个月。如果考虑到这个层面，那么前面的谈判次数就相当于是一个"伪命题"。结果是，双方过于机械地关注双方立场上的差异，没有去探讨问题的核心。

如果立场可以作为讨价还价的筹码，那么大多数谈判者都会坚持各自的立场不放。你越是声明自己的原则，你的立场就会越坚定，而你的思维也就会越呆板，谈判的结果也就会越不利。你越是想让对方意识到你的立场坚不可摧，就越发死守自己的立场，直到最后你把自己的形象当作自己的立场。

2. 不利于提高效率

谈判的时候，很多人为了让最终的结果有利于自己，往往会在起步阶段把条件设置得很极端，比如，卖东西的定价很高，买东西的又把价格压得很低。双方的初始条件越极端，让步越小，谈判过程中消耗的时间和精力成本就会越大。有些传统的谈判还会让谈判者做出很多决定，比如，该给对方什么好处，该拒绝什么样的要求，能做出什么样的让步，等等。越是这样，谈判过程越费力，甚至谈判还没有结束，双方就已经不欢而散。

3. 不利于维系谈判双方的关系

谈判本身只是利益的协调，以共赢为目的，但如果过于在立场上讨价还价，就会让谈判的性质变味，演变为一种意志的较量。如此一来，原本为解决问题而坐在一起的谈判就会成为一场你死我活的争斗。如果谈判双方都想通过自己的意志来让对方让步，双方的关系就会变得很脆弱。特别是当一方看到自己的合理诉求没有得到重视，那么即便他处于劣势，也会因为愤怒而变得更加强势。所以，在立场上讨价还价，只会对双方关系带来破坏的影响。

如果谈判只是在双方之间进行，那么立场最多也就两个。如果是两个以上的谈判者坐在一起讨论，而且每个人都有自己的立场，那么情况会变得更为不妙。比如像联合国这样的大家庭，有将近200个会员国，如果采用立场式谈判，则想取得谈判结果几乎是不可能的。在这种多方参与的会谈中，即便不是每一方都有自己的立场，各方也会形成不同的派系，最后大家的共同利益只会沦落为表面形式。

谈判是基于利益、共赢、关系等这些具有实际意义的因素展开的，而不是各自虚无缥缈的立场。所以，优势谈判高手从来不会在立场上与对手讨价还价。

无条件地让步只会让对手得寸进尺

在谈判过程中，双方既有不谋而合的地方，也有分歧严重的地方，这些都是谈判中的常态。不谋而合自然皆大欢喜，但是遇到分歧也不可以随便爆发情绪或者固执己见。考虑到宏观的合作，也为了尽快达成协议，让步可以说是谈判过程中至少一方必经的阶段。但是，有一点是优势谈判高手永远也不会犯的错误，那就是无条件地让步。即便你提出的条件对方不同意，也不要因为感觉对方不会同意就干脆连提都不提。你提出了，这就是你的条件，你不提就代表你无条件地让步。无条件地让步只会让对手得寸进尺，而你到最后只能不停地让步。

有时候，虽然你提出了自己的条件，而且做出了让步，但是对方还是嫌自己获利太少，坚持让你再让步。此时，你必须坚守底线，不该让的就一丝一毫也不退让。要知道，让步不是无条件的，更不是无休止的。

张媛刚上大二，暑假到二姨位于杭州的服装店打工。一次，有两个外国女孩来到店里，看中了一件连衣裙。虽然衣服上标着价格，而且是阿拉伯数字，但其中一位女孩依旧用蹩脚的中文一会儿抱怨说看不太懂，一会儿又说太贵了，希望能便宜点。当时负责接待的是店里的另一位销售员，她们磨了好大一会儿，都没有商量好。站在一旁的张媛看不下去了，主动走过去用英语跟对方打招呼。随后，张媛问那位女士是不是真的喜欢这件衣服，对方微笑着连连点头。然后张媛说，可以便宜点，但前提是她买两件，因为这件衣服还从来没有单独卖过这么低的价格。结果，那两个外国女孩互相看了一眼对方，就同意了张媛的提议：买两件，一人一件。

事实上，谈判中很多问题的解决只需要转变一下思路即可。让步并非不可，也不是自己能力差的体现，关键是如何让步能让自己体面，又不至于损失太大。在谈判中，让步除了考虑自己的利益之外，还有很多其他的原则需要遵守。

①谈判场上的让步就像是战场上交换战俘一样，一个换一个。所以，当谈判陷入僵局的时候，你要敢于提出条件，并以合理的方式让对方也做出让步。

②要知道，很多让步策略不是在谈判桌上临时想出来的，而是谈判前就已经提前做好了预案。谈判双方的让步幅度应该是均等的，而且是循序渐进的，这些都需要提前心里有数。通常情况下，让步的幅度是先大后小，比如销售谈判中，第一轮先降5%，第二轮最多不能超过2%，你要让对方感觉到你后续的降价会越来越困难。如果你先降2%，再降5%，对方就会觉得如果再谈下去，你可能会再降10%。

③让步需要谨慎，要让对方感觉到你的让步是经过深思熟虑的权衡之后做出的。要让对方感觉到你让步的艰难，这样他才会对你做出的让步有所期待，也更容易有满足感。

④让步的动作不要太快，时间尽量往后推。让步也像谈判本身一样，需要把握好时间，过早、过急都有可能适得其反。与对手谈判初期，不要

主动提出让步，要让对方有所期待。

⑤不做无谓的让步。天下没有免费的午餐，让步同样如此。要有这样一种意识：每一个让步都有目的。如果对方不需要你的让步，就没必要为了讨好对方而借机让步。否则，对方只会看不起你。

⑥在涉及核心问题及条款方面，坚决不能让步。即便对方先让步，你也不要心动。对方有可能是在拿自己的次要条款争取你在核心条款上的让步。这和"田忌赛马"的故事比较类似，对方的次要条款和你的主要条款本来就不是一个量级的，现在却被对方用互让作为幌子，企图诱导你。要知道，就成本而言，你的让步或许会比对方大得多。所以，这样的让步本身就是不公平的。

⑦把自己让步的意义最大化。此时，你可以用一些夸张的词汇，比如"有史以来""从来没有"等。为了让对方切实感受到你的让步，你也可以用数字把对方获得的好处具体化。这样一对比，对方自然就会知趣。

⑧把对方让步的价值最小化。当对方做出某些让步时，尽量压低这些让步在我们心目中的分量。这样一来，就会降低对方的期望值，感觉自己的让步也不过如此。比如，你可以告诉对方，他的这方面让步是同行业的惯例，本来就是应该的。其实，这也是在暗示对方，这样的让步即便没有什么回报也是应该的。

⑨有时候，为了让谈判对手在接下来的谈判中做出更多、更重要的让步，可以事先做出一些无关紧要的让步。当然，在做出这些让步的时候，你的态度一定要诚恳，不能让对方觉得你是在敷衍。等到真刀真枪地谈到核心问题时，即便对方知道你事先的让步微不足道，他在潜意识里也会感觉"现在似乎轮到我让步了"。

别让整个谈判卡在一个问题上

　　1985年8月，苏联驻联合国代表团成员杰纳迪·扎卡罗夫在纽约地铁站用现金向一名间谍购买机密文件时，被FBI的探员现场抓获。一个星期后，克格勃逮捕了《美国新闻和世界报道》驻莫斯科的记者尼古拉斯·丹尼洛夫。早在9个月前，莫斯科就已经派一名克格勃打扮成牧师的样子请求丹尼洛夫给美国大使馆转交一封信。很快，苏联方面提出用丹尼洛夫交换扎卡罗夫。不过，对于这样的交换，里根总统明确表示拒绝，谈判也因此陷入了僵局。眼看着武器控制峰会即将召开，这件事肯定会产生非常巨大的负面影响。每个人都知道，与世界和平相比，扎卡罗夫和丹尼洛夫显得并不那么重要。结果，因为意识形态等方面的原因，大家好像都在故意赌气，而忽视了彼此之间的现实利益。很明显，此时谈判的焦点集中在这样一个问题上：是否可以用扎卡罗夫交换丹尼洛夫？里根总统的态度很明确：他不会用一个间谍去交换一名记者。

　　最后，东方石油主席阿曼德·汉默尔出马了。阿德曼有着丰富的从商经验，他知道打破僵局唯一的办法就是引入新的谈判条件，唯有这样，里根总统才会做出让步。于是，他建议苏联方面释放奥洛夫（20世纪80年代著名的军火商人）和他的妻子。这一做法迅速打破了谈判僵局，里根总统

第十二章 规避禁忌，减少谈判阻碍

接受了新的条件，双方也获得了满意的结果。

谈判最忌讳的一点就是因为其中的一个问题陷入僵局，结果导致整个谈判都无法推进。事实上，遇到这种情况的时候，可以通过引入新的谈判条件，让问题得到解决。值得庆幸的是，谈判几乎都不止一个焦点。所以说，优势谈判的艺术就在于，将各方面的要素进行整合，从而找到让谈判双方都满意的结果。

举个例子，当你和谈判对手把所有的问题都解决了，只剩下价格问题时，那么双方就只能在这个问题上拼个你死我活。相反，如果你人为地保留了另外一个对自己而言不太重要的问题，你就可以在谈论价格的时候，以这个问题为切入点，承诺给对方某些好处，从而让对方在价格方面让步。

有时候，买家可能会这样说："只要质量没什么问题，我们会采购很多这样的产品，不管它是由谁生产或者在哪里生产。"这样的买家往往很有心机，或者他们对谈判心理颇有研究：他们正在把问题简单化。也就是说，他们希望把问题聚焦到一点，然后逼你就范。遇到这种情况，你也可以采用以上的策略，就是引入新的谈判条件，争取把问题扩大化，比如，你可以提到包装、配送、后期服务等。这样做，你就可以增加自己的谈判筹码，让对方意识到问题并不只是质量方面。

一旦谈判双方把焦点聚焦在一个问题上，势必要分出高下，此时问题就会相当棘手。遇到类似情况，最好的做法就是向对方提出一些新的条件，以便自己在后续的谈判中多一个讨价还价的筹码。

不要接受第一次报价

很多谈判都会涉及报价，而且这也是多数谈判者遇到的核心问题。针对谈判对手的报价，你必须给出自己明确的态度。当然，明确的态度并不意味着你果断地做出同意的答复。事实正好相反：永远不要接受对方的第一次报价。比如，你打算花2万元买一辆二手车，结果在二手车市场看到一位卖家标价1万元。你环顾车子看了一遍，也在车上体验了一把，感觉各项性能都没有问题。此时，你心花怒放，感觉自己捡到了一个大便宜。不过，出于本能，也有部分理性的参与，你感觉不应该如此爽快地接受对方的报价，所以你把价格又压了2000，问对方8000元是否可以卖掉。你本以为对方会发怒，或者至少犹豫一下，结果对方转过头和妻子商量了一会儿之后，就没再还价，说可以卖给你。此时，你会高兴地跳起来吗？未必。因为有两种反应肯定会在你心里变得活跃："一定是什么地方出问题了以及我本可以把价格压得再低一点"。不可否认，这里面有人性贪婪的成分，但在谈判桌上，你必须用自己的贪婪抵消对方的贪婪，才能让各方面条件达到折中、互利共赢。

有位商人看中了一块总面积100公顷的地皮，卖家出价18.5万美元。

第十二章 规避禁忌，减少谈判阻碍

在对地皮考察结束后，商人觉得如果把价格砍到15万美元将会更加完美。他界定了价格范围，然后找了不动产的代理商向卖家报价11.505万美元。事实上，这样的报价通常很有说服力，因为数字很具体，会给人一种经过精心核算过的感觉。

这位商人把价格压得如此低，就是为了在之后的谈判中给自己留足讨价还价的余地。事实上，他已经在着手应对与卖家激烈的交锋了。结果，让他感到意外的是，几天之后，这位商人收到了卖家寄来的报价单，表示接受他的报价。一年后，他卖掉了其中60公顷，收回了所有的投资。再后来，他又卖掉了20公顷，价格相当于他当时购买100公顷时所出的价。对于这样的买卖，没有人会觉得商人亏本。但是这位商人当初得知卖家在几乎没有谈判的情况下就接受了他的报价时，心里是怎么想的呢？这位商人如此描述自己当时的想法："太糟糕了，我原本可以做得更好的。"

有时候，如果我们换个角度，也就是说站在卖家的角度去考虑这件事情时，也可以得到相似的经验。商场的销售员在与顾客交涉时，很少有一次把价格谈拢的，即便顾客给出的价格已经远远超出了他们的预期。不过，与其说销售员喜欢与顾客讨价还价，不如说他们更希望顾客可以从讨价还价的过程中获得满足感、征服感。很多人在潜意识里，都觉得销售人员能说会道，所以在谈判中战胜销售员，这种征服感更强烈。因此，销售员在推销产品、卖东西的过程中，要学会利用顾客的这一心理诉求，与顾客议价时，可以找到一个大家都可以接受的平衡点，实现买卖双方的共赢。我们常说商人的欲望是无穷的，其实顾客的欲望又何尝不是呢？如果销售员爽快地接受了顾客的报价，则反而会引发他们的怀疑心理，开始在价格、售后保障方面找借口，期望可以把价格再压低一点。如果在价格方面与顾客多"磨"一会儿，成交的时候，顾客也会更加爽快。

那么，是不是面对所有的谈判对手，都秉承"永远不接受第一次报价"的法则呢？未必。在有些特殊的情况下，接受第一次报价或许会是唯一正确的选择。比如某个夜晚，你独自一人走在路上，被蒙面的歹徒用刀劫持，他让你把钱包掏出来。难道你会和对方讨价还价，说让他把钱包和信用卡留给你吗？所以说，遇到类似情况，一定要接受对方的第一次报价，因为对方只会"加价"，不会"降价"。最为重要的是，你是在冒着生命危险和对方谈判。

就谈判而言,优势永远都只是相对的

何为优势谈判?

这是一个仁者见仁、智者见智的问题:有些人认为以共赢为目的的谈判才是优势谈判,有些人则认为让对手感觉到自己赢了的谈判才是优势谈判。不可否认,以上两种观点各有可取之处。其实,就像"优势"这个词本身所包含的相对意义一样,优势谈判也没有一个严格的、绝对的界定。这就好比让两个从来没有接受过谈判培训的人,在看完本书之后进行一场模拟谈判,是否可以根据他们既有的背景预测谁会在谈判过程中更有优势,又或是在模拟谈判中获得较多利益的一方就是优势谈判者。而作为本书的作者,我只能向广大读者表示抱歉,我们无法预知,也不能草率评价,因为就谈判而言,优势永远都只是相对的。

优势谈判的相对性包含了两层含义:一方面,它在时间上的跨度是相对的,比如,此时占尽优势的谈判者未必就会在未来一直占尽优势;另一方面,它在空间上的优势也是相对的,比如,在这一领域占优的谈判者未必就在其他领域占尽优势。

如此说来，即便把本书的知识全部掌握，谈判的成败也要靠运气吗？

虽然承认这样的事实需要运气，但这个世界上的确没有人敢说自己经历的每一场胜利的谈判都是纯粹靠实力的。我强调优势谈判的相对性，只想提醒那些对谈判一知半解或者正在稳步提升的人，要记住以下三个忠告。

①谈判是一门学问，与追求其他任何一门知识一样，也要秉承"学海无涯"的精神。唯有这样，你在谈判方面的优势才会日有所进，月有所长。

②不要渴望通过一种策略对付所有的对手。要知道，你在本书中学到的策略别人或许已经用过了，因为本书是面向大众发行的。为了保持自己的优势，你需要灵活变通。

③与看本书之前的自己相比，看完本书的你就是优势谈判者；与没有看过本书的人相比，你就是优势谈判者。优势谈判固然精妙，但远没有你想象的那么深奥，只要把你的优势发挥出来，你就是优势谈判高手。